AF344046

CATALOGUE

DES

ESTAMPES

ET TABLEAUX

Du Cabinet de feu M^{r.} l'Abbé

FAVIER, Prêtre, à Lille.

M. DCC. LXV.

AVIS.

LE Cabinet, dont nous donnons le Catalogue, est déjà connu de plusieurs Curieux. L'inspection seule du Catalogue prouvera, que ce n'est qu'avec beaucoup de temps, de soins & de dépenses, que l'on peut parvenir à former une Collection aussi précieuse à tous égards, soit en Volumes, soit en Feuilles détachées. L'ordre que nous avons suivi dans l'arrangement des Estampes, nous a paru le plus naturel, en rangeant les Maîtres par leurs Ecoles respectives, & en renvoyant à la fin de chaque Ecole, les Estampes des Maîtres dont le nombre est trop peu considérable pour mériter un article séparé. L'immensité de cette Collection nous a empêchés d'entrer dans un détail circonstancié touchant le mérite des Pièces qui la composent.

L'indication simple que nous en

avons faite nous a paru ſuffire pour les Connoiſſeurs. La même raiſon nous a empêchés de répéter faſtidieuſement les mots *belle Epreuve*, quoique la plupart le mérite.

Il eſt peut-être inutile d'avertir, que le chiffre qui ſe trouve à côté des Numéros déſigne le nombre des Eſtampes que contient ce Numéro; mais il ne l'eſt ſûrement pas d'inſtruire le Public que, ſans rien garantir, ſoit dans le Catalogue des Livres, ſoit dans celui des Eſtampes & Tableaux, nous annonçons les choſes ſuivant les indications qu'elles préſentent, & le degré de nos lumières.

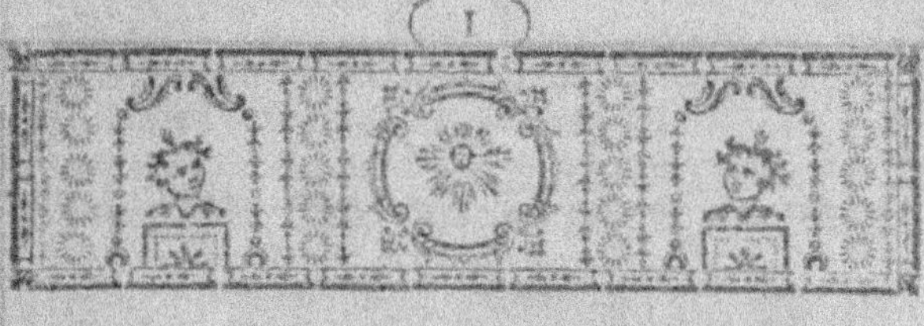

CATALOGUE D'ESTAMPES.

Livres reliés, et autres Suites brochées et en Feuilles.

No.

1 L Gran Theatro di Venezia ou vero Racolta delle Principali vedute è pitture che in essa si contengono, diviso in due tomi, 121 fol. ob longo 2 tome en 1 vol.

2 Scelta di XXIV. vedute delle Principali Contrade, Piazze, chiese è Palazzi della Citta di Firenze, folio maximo.

3 Descrizione è Studi dell Insigne Fabrica di S. Maria del fiore Metropolitana fiorentina, da Bernardo Sansone Sgrilli Architetto, folio.

4 Varie Vedute Antica è Moderna disegnate è Intagliate da celebri Autori, 94 fig. folio ob longo.

5 Nuova Racolta delle piu Belle vedute di Roma desegnate è Intagliate da celebri Autori, 62 fig. fol. ob longo.

6 Pallazzi di Roma de piu celebri Architetti, da Pietro Ferrerio, folio ob longo.

A

7 | *Li Giardini, di Roma con le loro piante alzate & vedute in Prospettiva, da Gio. Battista Falda, folio ob longo.*

8 | *Il nuovo Theatro delle Fabriche & Edificii in Prospettiva di Roma Moderna, da Battista Falda, 3 libro, 84 fig. folio ob longo.*

9 | *Icones & Segmenta illustrium è marmore tabularum quæ Romæ adhuc Extant, à Francisco Perrier, 50 fig folio ob longo.*

10 | *Antiquæ Urbis Splendor, hoc est præcipua ejusdem Templa, Amphitheatra, Circi, Arcus Triumphales, Ædificia, &c. Operâ J. Lauri Romani, in æs incisa, cum brevi Imaginum explicatione, Romæ 1612. folio ob longo.*

11 | Recueil des Edifices antiques de Rome, en 86 fig. folio.

12 | Les Plans & Profils du Temple de Balbec & d'un autre Temple de la Grece, en 18 fig. par Marot, & 16 pièces d'Antiquités Romaines.

13 | *Opera del Caval Francesco Boromino Cavatæ da suoi Originali cive la chiesa & fabrica della Sapienza di Roma, in Roma, 1722, folio maximo.*

14 | Les 100 Statues antiques, gravées par François Perrier, folio.

15 | *Illustrium Virorum, ut Exstant in Urbe, Expressi vultus Romæ 1569. 52 fig.* Les 12 Empereurs. Principes de Dessein, par François Curti, & 30 Têtes antiques d'Illustres Grecs & Romains.

16 | 70 Figures d'après Michel-Ange, gravées par Adam Mantuan, folio.

17 | *Piture del Salone Imperiale del Palazzo di Firenze si Aggiungono le pitture del Salone & Cortile delle Imperiali Ville della Petraia è del Poggio à Caja-*

no , Opere di vari celebri Pittori Fiorentini in tavole XXVI. in Firenze 1751 , folio maximo.

18 *Monochromata septem Caroli Cignani Bononiensis ære expressa , ab J. Michaele Liotard , Genevensi , Venetiis , 1753.*

19 *C. Julii Cæsaris Dictatoris Triumphi de Gallia , Ægypto , Ponto , Africâ , Hispaniâ , &c. ab Andrea Mantinea , Eximio atque insigni pictore mantuæ in Ducali aula coloribus expressi ,* gravées par Van Audenaerd , 10 fig.

20 L'OEuvre de Pietro Monaco, d'après les Tableaux des plus grands Maîtres d'Italie , en 79 pièces.

21 L'OEuvre de Dominique Tiepolo , en 40 pièces , compris 22 Fuites en Egypte.

22 *Opera Selectiora , quæ Titianus Vecellinus Cadubriensis , & Paulus Calliari Veronensis invenerunt ac pinxerunt , quæque Valentinus Le Febre , Bruxellensis , delineavit & sculpsit ,* 50 pièces.

23 *Colonna Trajana nuovamente disegnata , & intagliata , da Pietro Sante Bartoli.* Colonne Trajane , dessinée & gravée par Pietro Sante Bartoli , avec des Notes latines de Ciaconius , folio ob longo.

24 La Colonne Trajane , gravure plus ancienne , folio ob longo.

25 *Columna Cochlis M. Antonino Aug. Dicata , ex S. C. Belli , Germanici & Sarmatici imaginibus anaglyphicè insculpta , & brevibus Notis bellorii illustrata & à P. Sante Bartoli , ære incisa , Romæ 1704 , folio.*

26 Colonne Théodosienne , qui représente les Thermes & les Ouvrages publics des Ancêtres de l'Empereur Théodose le Jeune , en 14 pièces , folio.

27 *Galeria nel Palazzo Farnese in Roma del Sereniss.*
    Duca di Parma & dipinta da Annibale Caracci
    Intaglia da Carlo Cæsio. Nota, on a joint les
    Copies gravées à Paris, *folio maximo.*

28 *Ædium Farnesiarum Tabulæ ab Annibale Caraccio*
    de pictæ, à Carolo Cæsio æri insculptæ, atque à
    lucio philarchæo explicationibus illustratæ, Romæ,
    1753. *folio.*

29 Autre Galerie du Carache, gravée par Aquila,
    en 20 piéces, folio.

30 *Galeria Giustiniana del Marchese Vinzenzo Giusti-*
    niani, gravée par Mellau Bloemaert. Nota le
    1 vol. en 153 fig. *folio.*

31 *Heroicæ Virtutis Imagines Pictæ à Petro Cortonensi*
    in ædibus magni Hetruriæ Ducis, numero 14,
    Romæ, 1691.

32 *Barbarinæ Aulæ Fornix,* ou le Plafond de la Ga-
    lerie Barberine, en 10 pièces, imparfaite.

33 La même Galerie, imparfaite.

34 *Galeria de pinta nel Palazzo del Principe Pamphile,*
    da Pietro Burettino da Cortona, imparfaite.

35 Histoire de Psyché, gravée par Marc Antoine,
    d'après Raphaël, en 32 planches; dans le
    même volume est joint 74 Figures, gravées
    par Adam Mantuan, d'après Michel-Ange,
    quarto ob longo.

36 La même Histoire de Psyché, à laquelle sont
    jointes les copies & 9 morceaux de Jules Bo-
    nasone, d'après Raphaël, quarto ob longo.

37 Les Loges de Raphaël, peintes dans le Vatican
    & gravées en 52 pièces, par Aquila & Fant-
    teti, non compris les 3 titres, folio oblong.

38 Les mêmes Loges, gravées par Nicolas Cha-
    pron, folio ob longo.

39 Divers Bas-reliefs, gravés par Pietro Sante

Bartoli, d'après Raphaël & Jules Romain, en 36 pièces.

40 Livre à Deſſiner, compoſé de Têtes d'après Raphaël, gravé par Mlle. Le Hay, 36 pièces, folio.

41 Les Friſes de Raphaël, gravées par G. Audran, en 40 pièces, folio ob longo.

42 Les Planetes & les Figures Hiéroglyphiques de Raphaël, gravées par Dorigny & G. Audran, en 22 planches.

43 Diverſes Friſes d'après Polidore, Sacrifice Ancien, & Triomphe Romain, en 30 pièces.

44 La Galerie du Lanfranc, peinte au Vatican, gravée par Pietro Sante Bartoli, en 17 pièces.

45 La Friſe du Palais du T à Mantoue, gravée par Mlle. Stella, d'après Jules Romain, en 25 pièces.

46 *La Gieruſalemme Liberata di Torquato Taſſo, Figurata du Beruardo Caſtello*, en 22 pièces compris les tîtres, *folio*.

47 La même Jéruſalem délivrée, d'une autre compoſition, par un autre Graveur, en 20 pièces.

48 *Vita & Miracula Sancti Patris Benedicti, folio.*

49 Les Plans & Elévations des principaux Édifices de Jéruſalem, en 35 planches.

50 Les 60 Figures, gravées d'après Salvator Roſa.

51 Les Guerres des Juifs, par Tempeſte, en 24 planches, in quarto ob longo.

52 Vies & Aventures Héroïques des 7 Freres de Lara, repréſentées en 40 Figures, par Tempeſte, quarto ob longo.

53 *Metamorphoſeon, ſive Transformationum Ovidianarum, Libri quindecim Æneis formis inciſi ab Antonio Tempeſta*, 150 pièces, *quarto ob longo*.

54 *Hercules Ethnicorum ex variis antiquitatum Reli-*

quiis delineatus & proponente Laurentio Begero,
1705, *folio.*

55 *Antiquissimi Virgiliani Codicis picturæ ex Biblio-*
thecâ Vaticanâ A P. Sancte Bartholi Incisæ,
Romæ, 1741, *folio.*

56 Histoire de Romulus, par Batiste Fontana, en
26 planches, folio.

57 *Regiæ familiæ Medicæorum Etruriæ principum Ef-*
figies, en 43 fig. folio.

58 65 Portraits d'Anciens Pcintres Italiens, gravés
par Baron, folio.

59 Les Prodiges admirables de la Peinture, ou les
Portraits des plus fameux Peintres de l'Europe, Dieux & Déesses, & Hommes Illustres,
par Joachim Sandract, *nota*, *sans le Discours*
latin, en 62 planches, folio.

60 Portraits des Cardinaux modernes en 2 vol.
dont l'un en feuille, en 186 planches, in
quarto.

61 La Galerie du Palais de Luxembourg, peinte
par Rubens, gravée par les plus habiles Graveurs du temps. Les Amours des Dieux &
des Déesses du Titien, gravés par Gunst, en
10 planches, folio maximo.

62 *Variarum Imaginum à Celeberrimis Artificibus*
pictarum cælaturæ Elegantissimis tabulis repre-
sentatæ. Ipsæ picturæ partim Extant, apud viduam
Gerardi Reynst, & gravé par C. Visscher, Ma-
than, en 34 planches, *folio maximo.*

63 *Signorum veterum Icones, per D. Gerardum Reynst*,
in 112 *fig. folio.*

64 *Gerardi Lairesse*, *Leodiensis pictoris Opus Elegan-*
tissimum ipsius manu tam æri incisum quam in-
ventum, & per Nicolaum Visscher, *folio.*

65 Recueil des plus fameux Desseins Originaux,

d'Abraham Bloemaert , choisis & gravés par
son Fils , divisés en 8 livres & rangés en ordre
par Bernard Picart , folio , 1748.

66 Impostures Innocentes, ou Recueil d'Estampes
d'après les plus célèbres Peintres , gravées à
leur imitation , par Bernard Picart , folio.

67 Les Palais antiques & modernes de Gènes ,
recueillis & dessinés , par P. P. Rubens , 2
tomes en un vol. folio.

68 Les Plans & Elévations du Château d'Houghton en Norfolk , appartenant à Milord
Robert Walpole , folio.

69 Tombeaux des Princes , des grands Capitaines
& autres Hommes Illustres d'Angleterre ,
gravés par les plus habiles Maîtres de Paris ,
&c. en 20 pièces.

70 10 Estampes représentant les principaux Evénements de la vie de Charles I. Roi d'Angleterre.

71 Les quatre Livres d'Architecture de Fischers ,
folio, ob longo maximo gravé par Delsenback

72 *Sculptura Historiarum & Temporum Memoratrix*
1726 , en 48 planches.

73 Les Ruines de la Ville de Bruxelles , bombardée en 1695 , gravées par Van Orley , en 12
pièces.

Les Edifices de la Ville d'Amsterdam , avec
ses agrandissements , en 24 pieces, folio ob
longo.

74 Vues des principaux Edifices de Vienne , par
Delsenback , en 28 planches , 28 folio ob
longo.

75 *Icones Legatorum plenâ Potestate Instructorum , qui
ad Pacem Constituendos Monasterium & Osnabrugam, convenerunt aliorumq; qui Pacis negotium*

promoverunt, expreſſæi per Anſelmum Van-Hulle, Gandenſem principis auriaci pictorem, Antuerpiæ, 1691, 1 *vol. fol.*

76 | 72 planches de la Bible de Mortier.

77 | 79 planches de la Bible, imprimée chez Pierre De Hondt, ſur les Deſſeins de Picart, Hoet, &c.

78 | Les Hermites complets, Hommes & Femmes, d'après Martin De Vos, gravés par les Sadelers & Collaert, les 5 livres reliés en 1 vol. ob longo.

79 | *Sti. Bernardi Eccleſiæ Doctoris Vita,* en 53 *fig. folio.*

80 | *Statuæ Pontis Pragenſis,* 1719, *folio.*

81 | *Sacra Eremus Aſcetarum,* d'après Bloemaert, en 50 pièces, *folio.*

82 | La bonne Mort, par Romain De Hooge, avec l'explication en Flamand, 40 planches, fol.

83 | *Biblia Ectypa,* ou les Figures du vieux & nouveau Teſtament, inventées & gravées par les plus habiles Maîtres, en ſix vol. in octavo, contenant 836 fig.

84 | Le Monde dans une noix: c'eſt-à-dire un Abrégé de l'Hiſtoire Univerſelle, repréſentée en Tables & en Figures.

85 | 2 petits Recueils de Sujèts Saints, gravés par Wiericx & autres, in octavo.

86 | 2 autres Recueils des mêmes Sujèts, in octavo.

87 | Recueil d'Eſtampes d'après les plus beaux Tableaux, & d'après les Deſſeins qui ſont en France, gravées par les ſoins de Mr. Crozat, 2 vol. folio maximo.

88 | Le grand Eſcalier du Château de Verſailles, dit l'Eſcalier des Ambaſſadeurs, peint par Le Brun, gravé par Surugue, en 24 pièces: on a ajouté 35 planches de Verſailles, Clugny, Chambor,

Chambor , l'Aqueduc de Maintenon , les Tuileries , folio maximo.

89 Les Peintures de Charles Lebrun & d'Eustache Le Sueur, qui font dans l'Hôtel du Préfident Lambert , deffinées par Bernard Picart , & gravées tant par lui que par différents Graveurs : l'on y a joint la Defcription de cette belle Maifon, & celle de tous les Sujèts qui font repréfentés dans les Tableaux , à Amft. 1740.

90 *Feftiva ad Capita Annulumque decurfio à Rege Ludovico XIV. Principibus fummifque proceribus , Edita anno* 1662. Nota, on a joint 9 Figures des Plaifirs de l'Ifle Enchantée , folio maximo , maroquin rouge.

91 Defcription de la Grotte de Verfailles , Paris , de l'Imprimerie Royale, 1679, folio maximo.

92 Les Statues & Buftes antiques des Maifons Royales , par Mellan & Baudet , en 60 pièces, folio maximo.

93 25 des petites Conquêtes , inventées par Leclerc , Dolivar , Chatillon . folio maximo.

94 24 Planches & quelques explications du Sacre du Roi , folio maximo.

95 Defcription des Fêtes données par la Ville de Paris , à l'occafion du Mariage de Madame Louife de France & de Dom Philippe . Infant d'Efpagne , Paris , 1740, folio maximo , maroquin rouge.

96 Fêtes publiques données par la Ville de Paris , à l'occafion du Mariage de Monfeigneur le Dauphin , au mois de Février 1745 , folio maximo , 10 planches , imparfait.

97 Fêtes publiques données par la Ville de Paris , à l'occafion du Mariage de Monfeigneur le

Dauphin en 1747, folio maximo, 9 planches, imparfait.

98 57 Planches de l'OEuvre de Raymond laFage, in folio.

99 Les Tapisseries du Roi, d'après Lebrun, gravées par Leclerc, contenant les 4 Eléments & les 4 Saisons, & les 32 Devises avec le Discours, Paris, 1679, folio.

100 *Numismata moduli maximi, vulgò Modaigloni ex Cimeliarchio Ludovici XIV. & numero XLI. tabellarum in gratiam & usum, &c. 1704, folio.*

101 41 Figures en bois, concernant l'Histoire de France, depuis 1559, jusqu'à 1570, gravées par C. Perissin, folio ob longo.

102 *Errores ulyssis adumbrati à S. Martino, ut sunt in regiâ fontis bellaquæ æri incisi à Theodoro Vantulden, Parisiis, 1634, quarto ob longo.*

103 Histoire de Samson, en 40 pièces, inventées par Verdier, & gravées par Audran & Poilli : on y a joint 6 pièces de l'Histoire de Jacob, & de Jephté.

104 La Vie de St. Bruno, par Le Sueur, gravée par Chauveau, en 22 pièces, *& Revelatis Ordinis Sanctissimæ Trinitatis redemptionis captivorum sub Innocentio tertio, anno 1198,* en 24 pièces.

105 Recueil de 172 petites Estampes, gravées par Tardieu, connues sous le nom de Mai de Notre-Dame, in quarto.

106 *Porticus Religiosus Effigies exhibens Patriarcharum uniuscujusque Religiosi Ordinis*, en 22 pièces, gravées par Pitau, Lauwers, &c.

107 La Passion de J. C. Sujet inventé & gravé par Grégoire Huret, en 34 pièces.

108 Le Cabinet de Girardon, dessiné par Char-

pentier , gravé par Chevalier , en 6 grandes
    pièces.

109 Les Façades du Louvre & des Tuileries ,
    gravées par Marot , en 20 pièces , folio.

110 Les beaux Edifices de France , par Marot ,
    en 163 pièces , quarto ob longo.

111 Les plus belles Vues de Paris , Versailles &
    autres Maisons Royales , &c. en 150 pièces ,
    gravées par Pereile , quarto ob longo.

112 Recueil des Plans , Elévations de plusieurs
    Châteaux , Eglises , Sépultures , Grottes ,
    & Hôtels , bâtis dans Paris , par Marot ,
    in quarto , en 154 pièces.

113 Les Beautés de la France , par De Fer , quarto.

114 19 Vues des Villes du Pays-Bas & autres.

Les Figures de l'Astrée , de Durfée.

Recueil de 35 pièces , de Le Pautre.

115 Les proportions du Corps Humain , mesurées
    sur les plus belles Figures de l'antiquité ,
    par G. Audran , 30 pièces.

Autre Recueil de Principes de Desseins.

Recueil de diverses Figures de petits Amours ,
    Têtes de Masque , &c.

ECOLE FLORENTINE.

*Estampes de Léonard De Vinci , Michel-
Ange , André Del-Sarte & autres.*

116 1 La Cene de Léonard de Vinci , gravée sur
    le Dessein de Rubens , par Soutman.

117 3 Sainte Famille de Leo. de Vinci , & Michel-
    Ange.

118 3 Un Moïse & deux Sujèts de David . idem.

119 6 Les Prophètes & Sibylles de Michel Ange ,
    gravés par G. Mantuan.

120 1 Le Jugement de Michel-Ange, gravé par
Martin Rota, très-rare.

121 2 Autres Jugements, idem, autres Graveurs.

122 1 Autre Jugement, idem.

123 4 La Samaritaine, Ganimède enlevé, & le
Prophète Jérémie, &c. du même.

124 4 Hercule, Prométhée, &c. idem.

125 3 D'André Del-Sarte, dont deux Sainte
Famille.

126 1 La Chûte de St. Paul, de Salviati, gr. par
Æneas de Parme.

127 2 Le même Sujèt, & une Visitation, gr. par
Matham.

128 2 De Sébastien Conca, dont l'une est une
Nativité.

129 1 Descente de Croix, par D. Devolterre, gravée par Dorigny.

130 3 Autre Descente de Croix, idem, & une Cene
par Forlivetanus, avec sa Contre-Epreuve.

131 2 Une Résurrection du Lazare, par Hyacinthe
Brandi, & une autre.

Estampes de Pierre Testa.

132 3 Estampes, dans lesquelles se trouvent une
Adoration des Mages, & le Martyre de
St. Erasme.

133 3 Didon sur le Bûcher, &c.

134 3 La mort de Caton, &c.

235 3 Le Sacrifice d'Iphigénie, &c.

136 3 Sujèts allégoriques.

137 3 Sujèts, idem.

138 3 Dont l'Académie des Sciences, &c.

139 2 Dont l'une l'Assomption de la Vierge, de
Vasari, &c.

140 3 L'une Loth & ses Filles, de Gentilescio, &c.
141 9 Représentant des Batailles des Romains, par An. Tempeste.

Estampes d'Etienne Labelle.

142 1 Le Pont-neuf, très-rare.
143 6 L'Entrée de l'Ambassadeur de Pologne à Rome, en six pièces.
144 7 Six Marines & le Château de St. Ange.
145 9 Paysages & autres Sujèts.
146 13 Dans lesquelles la mort de quatre maniè-res différentes. Les autres sont des Chasses.
147 12 Sujèts Militaires.
148 42 Pièces, dans lesquelles les agréables Di-versités & les Caprices.
149 24 Etudes de Têtes.
150 26 Pièces, idem.
151 30 Pièces de Caprice.
152 23 Feuilles, dont le Jeu de la Géographie.

ECOLE ROMAINE.

Estampes de Raphaël, gravées par Marc-Antoine, & autres Graveurs.

153 2 Descente de Croix, & le Martyre de Ste. Félicité.
154 2 La Magdeleine chez le Pharisien, & Jesus prêchant à la Porte du Temple.
155 7 Les Vertus Théologales & Cardinales, 7 pièces.
156 2 La Vierge sur les nuées, & la Chasteté de Joseph.
157 3 Ste. Famille, & Jesus porté au tombeau.
158 2 Les cinq Saints, & la Reine de Saba.

159	3	Maffacre des Innocents, par Marc-Antoine & autres.
160	5	Dont une Vierge, S. Jérôme, Raphaël & Tobie, Abraham béni & dans fa Poftérité, &c.
161	2	La Pentecôte, & David qui tue Goliath.
162	2	Ananie puni de mort, & Saint Paul prêchant.
163	2	Annonciation, & Ste. Cécile.
164	4	Les Clefs données à St. Pierre, & Abraham béni dans fa Poftérité.
165	4	Un Chrift mort, & un Sacrifice de Noé, &c.
166	1	La Galatée fur les Eaux.
167	1	La même Galatée, gravée par Goltius.
168		Deux Galatées, dont l'une par Silveftre De Ravenne.
169	1	Le *Quos ego*, avec les petits Sujèts autour.
170	1	La Carcaffe, ou la Sorcellerie, grande pièce en large.
171	1	Le Parnaffe.
172	1	Autre Parnaffe, gravé par Voulemont.
173	2	Alexandre qui fait fouiller dans un Tombeau, & la fortie d'un Empereur Romain.
174	2	Le Jugement de Pâris, &c.
175	2	Apollon & Daphné, Iphigénie & Orefte.
176	3	Dont la Caffolette, la même par S. De Ravenne, & Minerve.
177	3	Jupiter & Cupidon, la Prudence, la Juftice.
178	4	La petite Lucréce, la Réveufe, Enée portant Anchife, &c.
179	6	Sujèts, dont l'un Apollon, & un Triomphe de Bacchus, &c.
180	4	Le Couronnement d'un Empereur Romain,

& Hercule qui étouffe Anthée, &c. *Fin des Estampes gravées par Marc-Antoine.*

181	1	Dispute touchant le St. Sacrement, gravée par Mantuan.
182	1	L'Ecole d'Athènes, idem.
183	2	L'Incendie du Bourg, Epreuve & Contre-Epreuve, par Thomassinus.
184	3	L'Ecole d'Athènes, l'Incendie du Bourg, & une Nativité de la Vierge.
185	1	Héliodore puni dans le Temple, gravé par Carle Maratte.
186	2	Apparition de Saint Pierre & de Saint Paul à Attila, par le petit Bernard, & une autre.
187	2	La Bataille des Eléphants par C. Cort, & Tobie & l'Ange, par A. Carache.
188		Une Estampe représentant un Philosophe, Sujèt allégorique, gravé par Mantuan.
189	5	Morceaux en petit, représentant le Martyre de Ste. Félicité, David qui tue Goliath, le Massacre des Innocents, &c.
190	3	La Mort d'Ananie, Sts. Paul & Barnabé prèchant à Lystre, le Buisson ardent de Moïse, par G. Audran.
191	7	Sujèts tirés des Actes des Apôtres, représentés dans le Palais d'Hampton-Court, gravés par Dorigny.
192	1	La Transfiguration, gravée par Thomassin.
193	1	La même, par le même.
194	1	Idem, par Dorigny.
195	2	Idem, par Silvestre de Ravenne, & par C. Cort.
196	2	Idem, par C. Cort, & une autre.
197	1	Jesus mis au Tombeau, par Vorsterman.
198	3	Une Vierge nommée la Jardiniere, la Vierge

à la Couronne, une autre, par différents Graveurs.

199 3 Sainte Famille, idem.
200 2 Ste. Famille, gravée par Pitau & Poïlly.
201 2 Ste. Famille, gravée par Rouſelet & Peſne.
202 3 Une Vierge, St. Jean, la Viſion d'Ezéchiel, par Poïlly.
203 3 St. Luc, par Bloemaert, Viſion d'Ezéchiel, St. Michel.
204 1 grande Adoration des Bergers, gravée par Bloemaert.
205 2 La Contre-Epreuve de cette Pièce, & une Ste. Famille, par Pitau.
206 2 St. Michel, gravé par Vorſterman, & ſa Contre-Epreuve.
207 4 Sujèts peints au Vatican, la Théologie, Philoſophie, Juriſprudence, & la Poéſie.
208 1 La Bataille de Conſtantin en 4 feuilles, gravée par Scalberge.
209 4 Ste. Famille, dont l'une par Villamene.
210 3 Ste. Famille, & St. Luc.
211 3 Ste. Famille.
212 3 dont 2 Batailles de Conſtantin en petit, & les Noces de Pſyché, par Pavillon.

De Jules Romain.

213 4 dont 2 Ste. Famille, le Cordon de S. François, une Adoration.
214 2 Les Hébreux menés en captivité, & la Femme adultère, gr. par Mantuan.
215 2 Le grand Bacchanale des Dieux, par G. Mantuan, & le Triomphe de Bacchus.
216 2 Les deux mêmes.
217 2 Le même Bacchanale, & Jupiter nourri par

les Curètes , gr. par Pietro Sante Bartoli.

218 | 3 Le Triomphe de Bacchus, gr. par Théodore
de Bry, le même Sujèt gr. par Aquila , &c.

219 | 3 Vénus & l'Amour , Régulus, & Zaleucus,
gr. par Hollar.

220 | 3 Clélie, la Naiffance de Memnon , &c.

221 | 3 La Mort d'Achille , Mort de Régulus , &c.

Eftampes de Polidore de Caravage.

222 | 4 La grande Frife , gr. par Goltzius, collée en
4 feuilles.

223 | 6 La même Frife collée en 5 feuilles , & une
autre Frife.

224 | 2 Adoration des Bergers.

*Eftampes de François Mazzuoli , dit le
Parmefan.*

225 | 2 Sainte Famille , une gravée par Corneille
Bloemaert.

226 | 2 Ste. Cécile, & un autre Sujèt pieux, gr. par
Tanjé.

227 | 2 Ste. Famille , Saint Jean, gr. par Rouffelet.

228 | 3 Vénus & l'Amour, Saturne & Philire , &c.

229 | 4 Ste. Famille , dont l'une gr. par lui-même.

230 | 3 D'après Joseph Darpin , David , Icare , &c.

Eftampes de Pierre de Cortonne.

231 | 2 Plafonds des Chapelles du S. Sacrement &
de St. Sébaftien , au Vatican , gravés par
Aquila.

232 | 4 Sujèts du Martyre de Ste. Bibiane , gravés
par Van Audenaerd.

233 1 Le Mont Athos , représentant un Géant ,
       gravé par Spiere.
234 3 Adoration des Bergers , gr. par Bloemaert ,
       S. Paul guéri , par Ananie , &c.
235 2 Différentes Ste. Martine , gr. par Spiere.
236 2 Autres Ste. Martine , gr. par Bonacina &
       Chasteau.
237 3 St. Paul guéri , Ste. Martine , &c.
238 2 Ste. Famille , S. Laurent.
239 2 Nativité , Ste. Martine.
240 2 Rémus & Romulus sur le bord du Tibre ,
       César répudiant Pompéia , gr. par Strange.
241 10 Les Figures du Livre des Hespérides , gr.
       par Bloemaert , Greuter & autres.
242 2 L'Enlévement des Sabines , le Triomphe
       de Bacchus , gr. par Aquila.
243 2 Le Triomphe de Bacchus , un Sacrifice à
       Diane , gr. par Aquila.
244 2 Bataille de Constantin , le Sacrifice de Po-
       lixène , gr. par Aquila.
245 9 Six Pièces du Livre de la Culture des Fleurs,
       l'Enlévement des Sabines , un Sacrifice ,
       &c.
246 3 Un Plafond en 3 feuilles , gr. par G. Au-
       dran , & 2 morceaux de Théses.
247 5 Estampes d'après Le Rosso, ou Maître-roux.

Estampes de Carle Maratte.

248 1 Les 5 Saints canonisés par Clément X. en
       1672 , gr. par Aquila.
249 1 Le Rosaire , gr. par Van Audenaerd.
250 1 La Ste. Famille avec des Anges , gr. en ma-
       nière noire , par Smith , prémière Epreuve.
251 1 La même Ste. Famille.

252 2 Sujèts de Vierge fous ces titres, *Parce fom-*
       num rumpere , *te Deum laudamus* , gr. par
       Strange.
253 5 Jaël , Judith , Agar , Rebecca , Ste. Famille
       en manière noire.
254 4 Petites Ste Famille , gr. par lui-même.
255 4 Trois Ste. Famille , & Jaël.
256 5 St. Antoine de Padoue , 3 Sujèts de Vierge ,
       &c.
257 2 La Mort de la Vierge , Jefus au Jardin des
       Oliviers , gr. par Van Audenaerd.
258 2 Nativité , la Mort de la Vierge , gr. par
       Simoneau.
259 2 Rebecca , Agar , gr. par Van Audenaerd.
260 2 Ste. Famille , Martyre de St. André.
261 2 St. Ambroife & St. Charles , une Imma-
       culée Conception , gr. par Aquila & E.
       Picart.
262 2 La Mort de St. François-Xavier, le Martyre
       de S. Blaife, gr. par Frey & Van Audenaerd.
263 2 Le Baptême de Jefus-Chrift , la Mort de S.
       Jofeph , gr. par Farjat & Dorigny.
264 4 Le Rofaire en petit , S. Antoine de Padoue,
       Ste Famille , &c.
265 3 St. Ambroife & St. Charles , l'Immaculée
       Conception , une Vierge , gr. par Aquila
       & Dorigny.
266 2 Rémus & Romulus , Diane au Bain , gr. par
       Van Audenaerd & Defplaces.
267 2 Berfabée au Bain , l'Académie , gr. par Van
       Audenaerd & Dorigny.
268 2 Janus , Apollon & Daphné , gr. par Van
       Audenaerd.

C 2

Eſtampes de Ciro Ferri.

269 7 Plafond de l'Eglise de Sainte Agnès, à la Place Navone, gr. en 7 feuilles, par Doriguy.

270 2 Les Veſtales, Coriolan, gr. par Aquila & Delahaye.

271 3 Une Cene, St. Paul prêchant, ſous le titre, *Ignoto Deo*, Moïſe & les Filles de Jethro, gr. par Bloemaert & Aquila.

272 2 St. Antoine de Padoue, Ste. Martine, gr. par Bloemaert & Delahaye.

273 2 Un Plafond de la Chapelle du St. Crucifix, St. Antoine de Padoue en petit, gr. par Aquila.

274 3 Le Frappement du Rocher, Ste. Famille, une Circonciſion.

Eſtampes de Fréderic Baroche.

275 1 Enée portant ſon Pere Anchiſe, gr. par Auguſtin Carache.

276 1 La Vierge, Jeſus, St. Jérôme, la Magdeleine, gr. par A. Carache.

277 2 L'Annonciation, une Vierge & St. Jean l'Evangéliſte à genoux.

278 2 Une Deſcente de Croix, gr. par Villamene, Jeſus porté au Tombeau.

279 2 Une Vierge ſur un piedeſtal, un Pélerin au bas, gr. par Bloemaert, l'Apparition de Jeſus à la Magdeleine.

280 2 Jeſus porté au Tombeau, les Stigmates de St. François, gr. par Sadeler & Villamene.

281 2 La Vocation de S. Pierre, gr. par R. Guidi, une Deſcente de Croix.

282 1 St. François en extase , gr. par lui-même ,
très-rare.
283 2 La même , & le même Sujèt , gr. par Villamene.
284 2 Sujèts de St. François , l'un gr. par Villamene.
285 1 St. François prosterné , gr. par Villamene.
286 1 Ste. Famille , gr. en manière noire.
287 4 Estampes d'après Vanius, une Ste. Famille,
la Mort de St. François, S. Jérôme , &c.

Estampes de Thadée & Fréderic Zucharo.

288 2 Le Lavement des Pieds , les Noces de Ca-
na , gr. par Matham.
289 2 L'Adoration des Mages , le Paralytique
guéri , gr. par Thomassinus & Matham.
290 2 Grande Annonciation en 2 feuilles , le
Martyre de St. Laurent.
291 2 Le Martyre de St. Laurent , Moïse devant
Pharaon , gr. par C. Cort.
292 2 Différents Sujèts allégoriques.
293 4 Guérison du Paralytique , Jesus mort soutenu par des Anges , &c.
294 8 L'Annonciation , le Martyre de St. Laurent
en petit , Moïse devant Pharaon , par C.
Cort.

Estampes de différents Maîtres.

295 2 La Mort de Ste. Anne , d'après André Sac-
chi , le Boiteux guéri à la porte du Temple , d'après Cigoli , gr. par Edelinck &
Dorigny.
296 2 La même Mort de Ste. Anne , gr. par Fan-

teti , la Mélancolie, d'après le Feti , gr. par Thomaſſin.

297 3 Sujèts du Romanelli, la Toiſon d'Or, gr. par C. Bloemaert , &c.

298 2 Les cinq Saints canoniſés par Clément X. un Sujèt allégorique inventé & gravé par Spiere.

299 3 La Multiplication des Pains , gr. par Spiere, &c.

300 1 Diane & Actéon , d'après Philippe Lauri , gr. par Woollet.

301 4 Sujèts de Saints , St. Thomas d'Aquin , St. Louis Bertrand , &c.

302 5 Sujèts , idem.

303 7 Portraits de Papes & autres.

Estampes gravées par Augustin Vénitien , Silvestre de Ravenne , les Mantuan , Bonaſone , Æneas Vicus , C. Cort , & autres , d'après différents Maîtres.

304 2 La Carcaſſe de Silveſtre de Ravenne , le Cimetiére , gr. par Mantuan.

305 2 Maſſacre des Innocents , gr. par S. de Ravenne & Cavalleris.

306 1 Le Martyre de S. Laurent , d'après le Blandinelli, gr. par Marc Antoine.

307 2 Le même Sujèt en petit , un Combat des Dieux.

308 6 Différentes Ste. Famille , d'après Raphaël & autres.

309 4 Le Maſſacre des Innocents, une Nativité, Joſeph , &c.

310 3 La Cène , l'Enlévement d'Hélène , par S. de Ravenne , & autres.

311 | 4 Adoration des Bergers, Sacrifice d'Abra-
ham, Bénédiction de Jacob, Elymas puni,
gr. par A. Vénitien.

312 | 4 Une Nativité, la Manne, Jacob béni, &c.
par le même.

313 | 2 La Lucrèce, Léda, gr. par Æneas Vicus.

314 | 4 Les 3 Graces, les Lutteurs, le Laochoon,
&c. par S. de Ravenne.

315 | 16 Les 12 Apôtres & les 4 Evangélistes, gr.
par S. de Ravenne.

316 | 6 Sujèts gr. par A. Vénitien & autres.

317 | 4 Différents Sujèts du même.

318 | 19 Différents Sujèts de S. de Ravenne &
autres.

319 | 19 Sujèts de différents Graveurs.

320 | 15 Idem.

321 | 15 Idem.

322 | 3 Le Combat des Lapithes, les Géants ter-
rassés, &c

323 | 4 Sujèts gr. par Bonasone, Silène ivre, &c.

324 | 4 Idem, le Couronnement de la Vierge, &c.

325 | 4 Idem, Clélie, le Saccagement de Troye,
&c.

326 | 8 Idem.

327 | 10 Petits Sujèts de différents Maîtres.

328 | 4 Sujèts différents, gr. par A. Vénitien, &
S. de Ravenne.

329 | 5 Sujèts profanes de différents Maîtres.

330 | 6 Idem.

331 | 6 Idem, dont 2 de Marc-Antoine, &c.

332 | 6 Idem, deux d'Æneas Vicus, &c.

333 | 5 Sujèts de différents Maîtres.

334 | 6 Sujèts de Frises.

335 | 4 Sujèts de Lucas Penis, le Parnasse, &c.

336 | 3 Idem, Jesus mis au Tombeau, &c.

337 5 Sujèts gravés par G. Mantuan & autres.
338 4 Sujèts , idem.
339 5 Sujèts , idem.
340 2 La Sortie de Troye , Bataille des Grecs &
     des Troyens , par le même.
341 2 La même Bataille , & le Jugement de Pâris.
342 4 Ste. Famille , le Martyre de St. Etienne.
343 2 David qui tue Goliath . la Visitation.
344 8 Apollon , les Muses , &c. gr. par Mantuan,
     d'après Bol.
345 4 3 Sujèts de Jesus mort , une Pentecôte gr.
     par C. Cort.
346 6 Sujèts gr. par le même.
347 6 Du même, 2 Naissance de la Vierge , ado-
     ration des Bergers , le Martyre de Saint
     Etienne , &c.
348 4 Sujèts de différents Maîtres.
349 4 Idem.
350 4 Idem.
351 6 Idem.
352 1 Le Combat des Amazones , grand Sujèt en
     2 feuilles.
353 5 Sujèts de différents Maîtres.
354 4 Idem.
355 5 Idem.
356 4 Idem, deux mort de Régulus , &c.
357 5 Idem, Tantale , le Parnasse , &c.
358 5 Idem.
359 6 Idem.
360 3 Prédication de St. Jean, Portement de Croix,
     &c.
361 6 Jesus prêchant , la Magdeleine , St. Christo-
     phe , &c.
362 5 Le Martyre de St. André , le Massacre des
     Innocents , &c.

363 | 4 | La Flagellation, un Christ & les Larrons, St. François, &c.
364 | 4 | Le Serpent d'airain, un Jesus mort, le Martyre de St. Etienne, &c.
365 | 3 | La mort de St. François, &c.
366 | 5 | Le Couronnement d'Epines, Jesus mort, un St. François, gr. par Villamene, &c.
367 | 4 | Le Laochoon, &c.
368 | 4 | Deux Plafonds, &c.

ECOLE VENITIENNE,
Eſtampes du Titien.

369 | 1 | Le grand Ecce Homo, gr. par Hollar.
370 | 4 | Différentes Sainte Famille.
371 | 2 | Une Préfentation au Temple, une Sainte Famille.
372 | 2 | Sujèts de Vierge, une gr. par Bloemaert.
373 | 3 | Deux Vierge, la Magdeleine.
374 | 2 | Mariage de Ste. Catherine, le Denier Céfar, gr. par Rouffelet, & M. Rota.
375 | 3 | Une Annonciation, Couronnement d'Epines, un Jesus au Tombeau.
376 | 4 | La Femme Adultère, la Mort de St. Jérôme, &c.
377 | 5 | La Chafteté de Joseph, les Pélerins d'Ematis, le Martyre de St. Laurent en petit, &c.
378 | 3 | Une Sainte Famille, St. Pierre Martyr, St. Jérôme.
379 | 3 | Sujèts de Bacchanales.
380 | 3 | Vénus endormie, deux Portraits du Titien.
381 | 2 | La Gloire des Saints, le Martyre de St. Laurent, gr. par C. Cort.
382 | 2 | Les mêmes Sujèts.
383 | 2 | Diane au Bain, Andromède.

D

384	3 Lucrèce, Prométhée, &c.
385	5 Différents Sujèts.

Estampes de Jacques Bassan.

386	1 Adoration des Bergers, gr. par Chenu, de la Galerie de Dresde.
387	1 La Laitière, gr. par Sadeler, belle Epreuve.
388	4 Les Saisons, gr. par le même.
389	3 Les Estampes connues sous le Nom des Cuisines, gr. par le même.
390	4 L'Annonce aux Bergers, Adoration des Bergers & des Mages, gr. par Sadeler.
391	3 Annonce aux Bergers, un Jesus mort,

Estampes du Tintoret.

392	1 Le grand Calvaire en trois feuilles, gr. par Augustin Carache, très-rare.
393	1 La même.
394	1 Le même Sujèt, par un autre Graveur.
395	1 La Femme Adultère, gr. par Kilian, de la Gal. de Dresde.
396	2 Une Cène, gr. par Sadeler, &c.
397	2 Noces de Cana, les Filles de Jethro & Moïse.
398	2 La Résurrection, Ste. Heléne trouvant la vraie Croix.
399	2 Le Massacre des Innocents, les Noces de Cana
400	4 La Multiplication des Pains, Jesus mort, &c.
401	3 Deux Jesus au Tombeau, la Résurrection.

Estampes de Jérôme Mutien.

402	1 Le Lavement des Pieds, gr. par Desplaces.

403 | 8 Les Paysages avec des Sts. connus sous le Nom des Solitaires, gr. par C. Cort.
404 | 4 Trois des Solitaires en petit, & Jesus ressuscitant un Enfant.

Estampes de Paul Véronesse.

405 | 1 Le Martyre de Ste. Justine, en 2 feuilles, gr. par Augustin Carache.
406 | 1 La même.
407 | 1 Les Noces de Cana, gr. par Vanni.
408 | 1 La même.
409 | 2 Le même Sujèt en petit, un Repos en Egypte.
410 | 1 L'Adoration des Rois, gr. par Kilian, de la Gal. de Dresde.
411 | 1 La Famille de Paul Véronesse, conduite par la Foi & l'Espérance, adore l'Enfant Jesus, gr. par Kilian, de la Gal. de Dresde.
412 | 1 Les Pélerins d'Emaüs, gr. par Thomassin.
413 | 1 Un Jesus mort, gr. par Augustin Carache.
414 | 1 Le Mariage de Ste. Catherine, gr. par le même.
415 | 1 La Ste. Vierge assise sur un piedestal, St. Antoine & Ste. Catherine au bas, gr. par le même.
416 | 1 La même.
417 | 3 La même & deux autres.
418 | 2 La Visitation, un autre Mariage de Sainte Catherine que ci-dessus.
419 | 3 Le Martyre de St. Laurent, une Vierge, &c.
420 | 2 Différents Sujèts de la Magdeleine, chez le Pharisien, gr. par Metelli.
421 | 3 Le Portement de Croix, l'Adoration des Bergers, &c.
422 | 4 Un Repos en Egypte, & trois autres.

423 1 L'Amour & Pſyché, gr. en manière noire,
     par Smith.

424 2 La même, & une autre.

425 3 Jupiter & Léda, Vénus careſſant l'Amour,
     &c.

426 3 Vénus & l'Amour, 2 Sujêts de l'Enléve-
     ment d'Europe.

Eſtampes de différents Maîtres.

427 4 D'après Palme, la Gloire des Saints, Saint
     Sébaſtien, une Flagellation, &c.

428 3 La même Flagellation, le Martyre de St.
     Etienne du même, un Ecce Homo du Geor-
     gion, gr. par Morin.

429 7 Les ſept Sacrements d'après P. Longhi, gr.
     par Pitteri.

430 19 Le Pere Eternel, Jeſus, Marie, Sr. Joſeph,
     les Apôtres & les Évangéliſtes d'après Piaz-
     zetta, gr. par Pitteri.

431 4 Des mêmes, dont. St. Antoine de Padoue,
     St. Ignace, &c.

432 15 Le Pere Eternel, Jeſus, Marie, & les Apô-
     tres d'après Piazzetta, gr. en manière noire,
     par Laurent Haid.

433 12 Têtes de Caractères, des mêmes.

434 2 St. Jean prêchant dans le Déſert, un Mira-
     cle de St. Antoine de Padoue, d'après le
     Paſſinelli, gr. par Lorenzini.

435 2 Du même, une Sainte Famille, Vénus &
     l'Amour.

436 3 Une Ste. Famille, Jeſus dormant, une Ste.
     Face, d'après Amiconi.

437 3 Du même, le Portrait de Farinelli, &c.

438 | 6 Sujèts Galants du même, deux Mascarades
d'après P. Longhi.

439 | 3 De différents Maîtres, Jesus au Tombeau,
le Trépas de la Vierge, &c.

440 | 3 Idem, un Ecce Homo, Trépas de la Vierge,
&c.

441 | 2 Une Descente de Croix, le Passage de la
Mer rouge, d'après P. Farinatti.

442 | 4 Sujèts de la Vie de St. François d'Assise, de
Bartolozi.

443 | 2 Moïse sauvé des Eaux, une Charité Romaine, de Lazarini.

444 | 3 Sujèts pieux, de Cignaroli & de Ricci.

445 | 3 De différents Maîtres, le Sacrifice de Gédéon, Jacob & Rachel, &c.

446 | 3 Sujèts de Bacchanales, de Lazarini, &c.

Estampes de Piranesi.

447 | 10 Grands Sujèts d'Architecture & de Ruines, gr. par lui-même.

448 | 14 Idem, dont 6 gravés par Paté.

449 | 8 Trofei di Octaviano Augusto Inalzati per la Victoria ad Actium è Conquista Dellegitto, da Giambattista Piranesi Architetto Veneziano.

450 | 6 Grandes Ruines, gr. par lui-même.

451 | 6 Idem.

452 | 9 Grandes Vues d'Eglise & Colonnes de
Rome, gr. par lui-même.

453 | 5 Ruines de Rome, d'après Pannini, gr. par
Muller.

ECOLE DE LOMBARDIE.
Estampes du Corege.

454 | 1 Adoration des Bergers, appellée la nuit du

Corege , gr. par Surugue , de la Gal. de Dresde , très-rare.

455 | 1 La même Adoration , gr. par Mitelli.

456 | 1 L'Ecce Homo , gr. par A. Carache.

457 | 1 La Vierge , St. Jérôme , & la Magdeleine , gr. par le même.

458 | 2 Une Ste. Famille , le Mariage de Ste. Catherine , par différents Graveurs.

459 | 4 Mariage de Sainte Catherine , Ste. Agnès , &c.

460 | 4 Une Ste. Famille , une Magdeleine , &c.

461 | 1 Vénus sur les Eaux , gr. en manière noire , par Smith.

462 | 3 Jupiter & Léda , Danaé , la Nymphe Io , gr. par Duchange , rare.

463 | 2 Léda , Danaé , gr. en petit par Desrochers.

464 | 1 Apollon & Marsias , grande pièce en deux feuilles.

Estampes des Caraches.

465 | 2 Jesus mort , la Samaritaine , gr. par Roullet & Simonneau.

466 | 2 Sujèts de Jesus au Tombeau , gr. par Rousselet & Pitau.

467 | 2 Une Nativité , les Stes. Femmes au Tombeau , gr. par Simonneau & Roullet.

468 | 2 Jesus mort , le Martyre de St. Etienne , gr. par Balliu , &c.

469 | 3 La Mort de S. François , gr. par G. Audran , Susanne , le Mariage de Ste. Catherine.

470 | 3 Jesus mort , Jesus portant sa Croix , une Assomption.

471 | 3 Jesus mort , le Martyre de St. Etienne , la Chananéenne , gr. par Delpo & Chasteau.

472	3	Sainte Famille, St. Antoine, gr. par Bloemaert, Farjat, &c.
473	3	Ste. Famille, Jesus mort, St. Jérôme, gr. par Bloemaert, Audran, &c.
474	3	La Samaritaine, gr. par Carle Maratte, Ste. Famille, &c.
475	3	La Chananéenne, St. Jean-Baptiste, gr. par Delpo, &c.
476	3	Jesus couronné d'épines, Jesus mort, gr. par Morin, &c.
477	3	Différentes Ste. Famille.
478	2	Ste. Famille, une gr. en manière noire.
479	5	Sujèts pieux.
480	1	Les Stigmates de St. François, gr. par A. Carache.
481	1	La Samaritaine, par le même.
482	1	La même.
483	2	St. François, St. Jérôme, gr. par le même.
484	1	St. Jérôme, grande Estampe du même.
485	2	Une Susanne du même, une Ste. Famille de Louis Carache.
486	2	St. Jérôme, St. Antoine gr. par A. Carache.
487	3	Ste. Claire, la même gr. par Roullet, &c.
488	2	Lucrèce, gr. par A. Carache, la Communion de St. Jérôme, d'après L. Carache, gr. par Parria.
489	2	Sujèts de St. Roch qui distribue l'aumône aux pauvres, par différents Graveurs.
490	2	Idem.
491	4	Une Adoration des Mages, une Ste. Famille gr. par A. Carache, &c.
492	2	Jesus couronné d'épines, une Ste. Famille du même.
493	6	Petits Sujèts pieux, par A. Carache & autres.
494	4	Petits Sujèts de la Fable, &c.

495 | 2 Le Sujèt nommé la Rose, &c.
496 | 9 Petits Sujèts pieux, St. Jérôme, plusieurs Vierge, &c.
497 | 3 Achille reconnu, gravé par Audran, Latone, &c.
498 | 2 Grand Sujèt de Diane & Calysto, la Toilette de Vénus, gr. par B. Picart.
499 | 6 Petits Sujèts pieux d'après le Carache.
500 | 10 Différentes petites Eaux - fortes.
501 | 10 Idem.
502 | 9 Idem, deux Sujèts de scène d'Opéra, &c.
503 | 10 Petites Eaux - fortes.
504 | 11 Idem.

Estampes de Michel - Ange de Caravage.

505 | 1 Un Concert, gr. par Thomas Chambart.
506 | 1 Des Joueurs de Cartes, gr. par Tanjé, de la Gal. de Dresde.
507 | 2 Jesus couronné d'épines, Jesus au Tombeau.
508 | 4 Deux Ste. Famille, Jesus mis au Tombeau, &c.

Estampes du Guide.

509 | 2 Le Martyre de St. André, un grand Christ, gr. par Audran & Chereau.
510 | 1 Ste. Famille, St. Jérôme & autres Saints, gr. par Surugue, de la Gal. de Dresde.
511 | 1 Jesus apparoissant à la Ste. Vierge, gr. par Tardieu, de la Gal. de Dresde.
512 | 1 Adoration des Bergers, de forme octogone, gr. par Poilly.
513 | 1 Fuite en Egypte, gr. par Poilly.
514 | 2 Sujèts de Vierge, nommés la Couseuse, de différentes Compositions.

515	2 David, Jesus & St. Jean, gr. par Rousselet.
516	2 La Nativité, une Vierge sur les Nuées & plusieurs Sts. gr. par Picart & Thauri.
517	2 Jesus mort soutenu par le Pere Eternel, une Ste. Famille, gr. par Frey & Picart.
518	2 Une Ste. Famille, une Magdeleine.
519	3 Sujèts de Vierge.
520	4 Une Fuite en Egypte, une Annonciation, &c.
521	4 La Circoncision, St. Michel, une Vierge, &c.
522	2 Bacchus & Ariane, le Char du Soleil, gr. par Frey.
523	1 Le même Char du Soleil, gr. par Pascalinus.
524	1 La Toilette de Vénus, gr. par Strange.
525	2 La Libéralité & la Modestie, Apollon qui récompense le Mérite, gr. par Strange.
526	2 L'Enlévement d'Hélene, Lucrèce, gr. par Desplaces & Voullemont.
527	4 Les Travaux d'Hercule, gr. par Hecquet.
528	9 Petites Eaux-fortes.
529	8 Idem.

Estampes de François Albane.

530	3 Le Baptême de J. C., Jesus couronné d'Epines, La Samaritaine.
531	4 Une Nativité de la Vierge, Daniel dans la Fosse aux Lions, & 2 Ste. Famille.
532	2 Sujèts de Salmacis & Hermaphrodite, gr. par N. Laureny.
533	4 Les Sujèts de la Toilette de Vénus, gr. par Baudet.
534	4 Les mêmes, par un autre Graveur.
535	4 Les mêmes en petit, Benoit Audran Ex.

536	4	Les Eléments , gr. par Baudet.
537	5	Les mêmes , & la Colère de Neptune.
538	4	Les mêmes en petit, par différents Graveurs.

Eſtampes du Dominiquain.

539	2	Sujèts de Ste. Cécile , gr. par Poilly.
540	1	La Communion de St. Jérôme, gr. par J. Frey.
541	1	La même , gr. par C. Teſta.
542	2	La même , & S. Paul , gr. par Rouſſelet.
543	2	Le Roſaire , le Martyre de Ste. Agnès , gr. par G. Audran.
544	2	Ste. Agnès , Jeſus au Jardin des Oliviers , gr. par Audran & Strange.
545	1	La Vierge aſſiſe ſur un Autel, St. Jean , St. Auguſtin, St. Jérôme au bas, gr. par Delpo.
546	2	Une Annonciation , Marie aux pieds du Sauveur, gr. par Duflos & Simonneau.
547	2	L'Empereur Othon qui viſite St. Nil , gr. par Dufrene, & un S. Jérôme.
548	2	Adam & Eve , le Martyre de St. Sébaſtien , gr. par Baudet & Dorigny.
549	4	Les Angles qui ſont peints dans l'Egliſe de St. André à Rome , gr. par Dorigny.
550	4	Autres Angles peints dans l'Egliſe de St. Charles de Catanari à Rome, gr. par Delpo.
551	4	Les mêmes , gr. par J. Frey.
552	4	Les mêmes en petit.
553	4	Sujèts de forme ovale , David, Judith, Eſther, &c. gr. par G. Audran.
554	4	Les mêmes.
555	4	Loth & ſes Filles , le Martyre de S. Pierre , Ste. Cécile , &c.

Eſtampes de Lanfranc.

556　4　Les Angles peints dans l'Egliſe des Jéſuites de Naples , gr. par Louvemont.

557　3　L'Aſſomption de la Vierge , St. Auguſtin , &c.

558　2　Une Annonciation , la Magdeleine enlevée par des Anges

559　2　Séparation de St. Pierre & de St. Paul, St. Pierre ſauvé des Eaux.

560　2　St. Pierre ſauvé des Eaux , St. Auguſtin & St. Guillaume qui invoquent la Ste. Vierge , gr. par Dorigny & Baudet.

561　2　Les mêmes Sujets.

562　2　La Transfiguration , un Repos en Egypte , Inv. & gr. par C. Procacino.

Eſtampes de Guerchin.

563　1　St. Pierre reſſuſcitant Tabithe , gr. par Bloemaert , rare.

564　1　La Copie de cette Eſtampe.

565　1　Sémiramis à ſa Toilette , gr. par C. Viſſcher.

566　1　La Mort d'Adonis , gr. par l'Empereur, de la Gal. de Dreſde.

567　2　Sujets de Ste. Pétronille , gr. par J. Frey & Dorigny.

568　2　La priſe du Seigneur au Jardin des Oliviers, la mort d'Adonis , gr. par Paſqualinus.

569　1　La Magdeleine à qui des Anges préſentent les Inſtruments de la Paſſion, gr. par le même.

570　3　Les Clefs données à St. Pierre, gr. par le même , &c.

571 | 1 Le Char de l'Aurore, gr. par Pasqualinus.
572 | 5 Sujèts différents, dont 2 gr. par le même.

Estampes de différents Maitres.

573 | 1 Le Jugement dernier, d'après J. B. Ricci,
gr. en 6 grandes feuilles, par Thomassinus.
574 | 3 Joseph reconnu par ses Freres, Jesus mort
soutenu par le Pere Eternel, d'après le Mola,
gr. par Carle Maratte & Louvemont, &c.
575 | 3 St. Jean prêchant, St. Bruno, St. Sébastien,
d'après le même.
576 | 2 La Chasteté de Joseph, d'après Cignani,
une Charité Romaine, d'après Carle Lotti.
577 | 1 Une Vierge d'après Schidon, gr. par Smith,
en manière noire.
578 | 3 La même Vierge, Chasteté de Joseph, une
Ste. Famille.
579 | 2 Un Portement de Croix, une Adoration
des Mages, toutes deux très-grandes.

ECOLE GENOISE,

NAPOLITAINE & ESPAGNOLE.

Estampes de Lucas Jordans.

580 | 1 La Mort de Sophonisbe, gr. par Ravenet.
581 | 1 La Mort de Senèque, gr. par Aveline, de
la Gal. de Dresde.
582 | 1 La Tête de Méduse présentée par Persée,
gr. par Beauvarlet, de la Gal. de Dresde.
583 | 1 Le Serviteur d'Abraham devant Rebecca,
gr. par Vagnier, de la Gal. de Dresde.
584 | 1 Une Bacchanale, gr. par Basan, de la Gal.
de Dresde.

585 | 1 Loth & ſes Filles , gr. par Beauvarlet , de la Gal. de Dreſde.
586 | 4 L'Enlévement d'Europe , celui des Sabines , Acis & Galatée, le Jugement de Pâris , gr. par Beauvarlet.
587 | 1 Vénus & l'Amour, gr. en manière noire , par Smith.
588 | 2 La même, & la Chaſteté de Joſeph.
589 | 2 St. Maurice , Tarquin & Lucrèce , gr. par Baſan.

Eſtampes de Benedette de Caſtiglione.

590 | 1 Voyage de Jacob , gr. par Aveline , de la Gal. de Dreſde.
591 | 12 Payſages , Sujèts d'Hiſtoire & autres , gr. par Chaſteau.
592 | 9 Sujèts , gravés par lui-même.
593 | 9 Autres petits Sujèts , idem.

Eſtampes de Fr. Ribera , dit Leſpagnolet.

594 | 1 La Bénédiction de Jacob , gr. par Zucchi.
595 | 6 St. Pierre , 2 St. Jérôme , gr. par lui-même , & 3 autres.

Eſtampes de Salvator Roſe.

596 | 2 La Mort de Régulus , le Tyran Polycrates , gr. par lui-même.
597 | 1 La Chûte des Géants , idem.
598 | 2 Prédication de St. Jean-Baptiſte , le Baptême de l'Eunuque , par St. Philippe , gr. par Goupy.
599 | 6 Sujèts de l'Hiſtoire d'Aléxandre & de Diogène , gr. par lui-même.

Estampes de différents Maîtres.

600	2 St. Jérôme, St. Bruno, dans des grand Paysages, gr. par Vander Cabel.
601	3 Sujets pieux de A. Maulberght.
602	1 Une Vierge & St. François de Paule, d'après Solimène, gr. par Kilian, de la Gal. de Dresde
603	3 La même, gr. par Vagnier, le Martyre de St. Pierre, gr. par Desplaces, &c.
604	14 Chasses par Antoine Tempeste.
605	2 Ste. Famille, d'après Crespi & Cerrini.
606	1 Le Martyre de St. André, d'après C. Dolci.
607	2 Adam & Eve, une Fuite en Egypte, d'après Pagius.
608	2 La Chasteté de Susanne, Galatée, d'après Cagnaci & Mathéi.
609	1 Gunhilda, Reine d'Angleterre, d'après A. Cazali, gr. par Ravenet.
610	1 La Mort d'Adonis, d'après Lorbetto, gr. par Beauvarlet, de la Gal. de Dresde.
611	1 Apollon & Marsias, d'après Langetti, gr. par Zucchi, de la Gal. de Dresde.
612	1 L'Incrédulité de St. Thomas, d'après M. Preti, gr. par Beauvarlet, de la Gal. de Dresde.
613	1 Le Couronnement de la Vierge & les 4 Docteurs, d'après le Dosso, gr. par Kilian, de la Gal. de Dresde.

ECOLE FLAMANDE.
Estampes d'Albert Durer.

614	1 Le Portrait d'Albert Durer, gravé par Kilian.

615 | 3 Deux autres Portraits du même, & celui d'Erasme.
616 | 4 Portraits de Charles - Quint, de l'Electeur de Saxe, &c.
617 | 2 Belles Têtes, gr. par Sadeler.
618 | 1 Un St. Hubert, rare.
619 | 2 L'Enfant prodigue, le Cheval avec la Mort.
620 | 2 Un Jésus au Tombeau, &c.
621 | 2 Adam & Eve, la Mélancolie.
622 | 2 Les mêmes.
623 | 5 Différents Sujèts de Vierge.
624 | 1 Un St. Jérôme avec un Lion.
625 | 2 Le même, une Vierge gr. par Sadeler.
626 | 2 La Vierge, le Songe de Luther.
627 | 4 St. Jérome, une Vierge, &c.
628 | 3 Sujèts différents.
629 | 4 Idem.
630 | 3 Samson gr. en bois, &c.
631 | 2 Sujèts gr. par N. de Bruyn.

Estampes de Lucas de Leyde.

632 | 1 La Danse de la Magdeleine, pièce en large, rare.
633 | 1 Un Ecce Homo.
634 | 1 Le Calvaire.
635 | 1 La Conversion de St. Paul.
636 | 1 Une grande Adoration des Mages.
637 | 2 Le Baptême de J. C. l'Enfant prodigue.
638 | 2 David, Esther.
639 | 2 Samson, Mardochée.
640 | 2 Susanne & les Vieillards, St. Antoine tenté.
641 | 2 St. Jérôme, St. George.
642 | 2 David & un autre.

643 | 2 La Décolation de St. Jean, la Laitière.
644 | 3 Sujèts différents.
645 | 2 Jefus tenté au Défert, une Vierge.
646 | 1 Les Voleurs.
647 | 6 Dans lefquels 4 de l'Hiftoire de Jofeph, &c.
648 | 2 Jaël, Judith, gr. par Saenredam.
649 | 4 Sujèts différents.

*Eftampes de M. Schoéne, Agelgraff,
'Hisbens & autres Maîtres.*

650 | 2 Fuite en Egypte, Tentation de St. Antoine
de M. Schoéne.
651 | 3 Sujèts différents.
652 | 26 Petits Sujèts d'Agelgraff, 'Hisbens, &c.
653 | 25 Petits Sujèts, idem.
654 | 26 Idem.
655 | 28 Idem.
956 | 24 Idem.
657 | 24 Idem.
658 | 24 Idem.
659 | 30 Idem.
660 | 26 Idem.

Eftampes de Henri Goltzius.

661 | 1 Le Portrait de Goltzius, gr. par Suyder-
hoef.
662 | 4 Jaël, Samfon, David, Judith.
663 | 6 Les Eftampes nommées les 6 Chefs-d'œuvres
de Goltzius, belles Epreuves.
664 | 4 Sujèts du Jugement dernier, en rond,
d'après Stradan.
665 | 7 Les Vertus Théologales & Cardinales, 7
pièces, gr. par Saenredam.

666 | 7 Les Péchés mortels, gr. par Matham.
667 | 7 Les Vertus, gr. en petit.
668 | 7 Les Péchés mortels , gr. en petit.
669 | 7 Les Vertus , gr. en forme ronde.
670 | 14 Le Seigneur & les Apôtres.
671 | 12 La Paſſion de J. C.
672 | 7 Les Vertus , gr. en petit.
673 | 4 Les Vertus Cardinales.
674 | 6 Sujèts différents , une Ste. Famille , &c.
675 | 6 La Samaritaine, la Femme Adultère, l'Hé-
morroïſſe , &c. gr. par Matham & autres.
676 | 3 Une Ste. Famille, Judith, Suſanne, gr. par
Saenredam.
677 | 1 Apollon & Midas, grande Pièce nommée
auſſi le Parnaſſe.
678 | 4 Les Amours des Dieux.
679 | 4 Autres Sujèts des Amours des Dieux, gr.
par Matham.
680 | 1 Bacchus, Cérès & l'Amour, gr. par Saen-
redam.
681 | 1 Les trois Parques.
682 | 3 Bacchus, Cérès & l'Amour, gr. par Saen-
redam.
683 | 2 Bacchus, Cérès & l'Amour , & une autre ,
gr. par le même.
684 | 9 Figures ſeules repréſentant des Illuſtres
Romains.
685 | 3 Junon, Pallas & Vénus.
686 | 1 Diane & Califto , gr. par Saenredam.
687 | 2 Mars & Vénus ſurpris , &c.
688 | 4 Les trois Mariages , un Enfant jouant du
Tambour.
689 | 5 Bacchus, Cérès, l'Amour , la Minerve , &c.
690 | 2 Lycurgue , gr. par Saenredam ; &c.

F

691	2	Loth & ſes Filles, Andromède, gr. par Saenredam & Matham.
692	9	Les Muſes.
693	6	Junon, Pallas, Vénus, &c. gr. par Saenredam.
694	1	L'Eſtampe appellée le Chien de Goltzius.
695	5	Le même, gr. en petit, par Ghein, les Saiſons, gr. par Saenredam.
696	3	Icare, Phaéton, Tantale.
697	5	Les mêmes en petit, un Enfant tenant une Marotte, &c.
698	5	Sujèts différents.
699	7	Idem.
700	5	Idem.

Eſtampes de Muller.

701	1	Une Adoration des Rois, belle Epreuve.
702	2	La même, le Repas de Bathaſſar.
703	1	La Réſurrection du Lazare, d'aprés Bloemaert.
704	3	Un Grouppe de 2 Figures, qui ſont Vénus & Mercure vus de trois côtés.
705	3	Un Grouppe d'un Romain & d'une Sabine, idem.
706	1	Caïn qui tue Abel.
707	2	Loth & ſes Filles, Arion ſur un Dauphin.
708	2	Grandes Têtes repréſentant Chillon & Harpocrate.
709	2	Hercules qui terraſſe l'Hydre, Lucrèce gr. par Dolendo.
710	1	La Fortune qui répand ſes Dons, en 2 feuilles.

Eſtampes de Spranger.

711	2	Une Nativité, une Ste. Famille, gr. par Matham.

712 | 2 Une Adoration des Bergers, une Ste. Fa-
mille, gr. par Muller & Kilian.
713 | 3 Ste. Famille.
714 | 1 Les Noces de Pfyché, gr. par Goltzius, en
3 feuilles.
715 | 1 La même.
716 | 1 Perfée armé par Minerve & Mercure, gr.
par Muller.
717 | 1 Bellone, grande Pièce avec des Attributs,
gr. par Muller.
718 | 1 Rémus & Romulus, grand Sujèt allégori-
que, gr. par Matham.
719 | 1 La Peinture, la Sculpture & l'Architecture
perfonnifiées, élevées fur un Nuage &
foutenues par la Renommée, grand Sujèt
allégorique, gr. par Muller.
720 | 2 Vénus & Mercure, & un autre, gr. par
Muller.
721 | 2 Sujèts, gr. par Sadeler, & autres.

Eftampes de Bloemaert.

722 | 5 Sujèts d'Adam & Eve, gr. par Saenredam.
723 | 1 L'Ange annonce la Naiffance de J. C. aux
Bergers, gr. par le même.
724 | 1 L'Adoration des Bergers, gr. par Bolswert.
725 | 1 Les 4 Docteurs de l'Églife, gr. par C. Bloe-
maert.
726 | 2 Jefus qui apparoît à St. Ignace, par le même,
&c.
727 | 6 Différents Saints, gr. par C. Bloemaert.
728 | 2 La Chafteté de Joseph, St. Jean, gr. par
le même.
729 | 6 Pénitents, gr. par Swanenburg.
| 2 Une Adoration des Bergers, un Enfant qui

joue, du Rommel Pot, gr. par Matham &
C. Bloemaert.

731 2 Grands Payſages, l'Enfant Prodigue, &c.
gr. par Saenredam.

732 2 Payſages, le Semeur de Zizanie, &c. gr.
par Matham.

733 1 L'Age d'Or, gr. par N. de Bruyn.

734 1 Vertumne & Pomone, gr. par Saenredam.

735 16 Petits Sujèts d'étude.

736 24 Idem.

*Eſtampes inventées & gravées par Saen-
redam, Matham, Villamene, Th. de
Bry.*

737 1 La grande Pièce nommée la Baleine, inv.
& gr. par Saenredam.

738 1 Grande Pièce emblématique ſur l'Union
des 7 Provinces-Unies, gr. par le meme.

739 5 Les Vierges ſages & les Vierges folles,
du même.

740 3 Différents Sujèts, de Saenredam, Matham,
&c.

741 1 Vénus & Mars, inv. & gr par Matham.

742 1 Des Payſans qui ſe battent; Eſtampe nommée les Gourmeurs, inv. & gr. par Villamene.

743 2 Le Triomphe de la Religion, les Noces
d'Iſaac, gr. par Théodore de Bry.

744 2 La Fête de Village, les Bains ou la Fontaine
de Jouvence, du même.

745 3 Différentes marches d'Armées, du même.

Eſtampes de Kermander, Jodocus Winge,
T. Bernard, P. Candide, & autres
Maîtres.

746 12 Les 12 Patriarches Fils de Jacob , gr. par
Ghein.

747 7 Hiſtoire de l'Enfant Prodigue, en 4 pièces,
gr. par Matham, &c.

748 2 La Converſion de St. Paul , un Bal.

749 2 David qui chante les louanges de Dieu avec
les Lévites , le Seigneur qui fait approcher
les Enfants, gr. par Sadeler.

750 2 Sardanapale, un Sujèt de l'Amour , gr. par
le même.

751 2 Bacchus , Cérès & l'Amour, gr. par Sadeler,
la Mort qui détruit tout.

752 4 Samſon , le Jugement de Salomon , gr. par
Sadeler , &c.

753 4 Deux Sujèts de l'hiſtoire de Jonas , le Couronnement d'Epines , &c.

754 2 Les deux Repas, d'après T. Bernard , gr. par
Sadeler.

755 1 Le Bal Vénitien , d'après le même , gr. par
Goltzius.

756 4 David, une Annonciation, le Martyre de
Ste. Urſule , &c. d'après P. Candide, gr.
par Sadeler.

757 3 Une Sainte Famille, Jeſus au Tombeau ,
St. Michel, gr. par Sadeler & Kilian.

758 2 L'Enlévement de Proſerpine , &c. gr. par
Kilian.

759 2 Adam & Eve, le Soleil, d'après C.de Harlem,
gr. par Saenredam & Matham.

760　4 Les Tempéraments , le Sanguin , le Mé-
　　lancolique , &c. gr. par Sadeler.
761　4 Jeſus mort , le Samaritain , Marthe & Ma-
　　rie , &c. gr. par Sadeler.
762　4 Les quatre Vents , gr. par Sadeler.
763　6 Les Vers à Soie , d'après Stradan.
764　8 Sujèts tirés de la Genéſe, ſous le tître ſuivant.
　　Imago Bonitatis illius, gr. par Sadeler.
765　12 Idem , ſous ce tître , *Boni & Mali Scientia* ,
　　gr. par le même.
766　15 Idem , ſous ce tître , *Bonorum & Malorum*
　　Conſenſio , gr. par le même.
767　5 Différents Sujèts , la plupart gr. par Sa-
　　deler.
768　3 Idem.
769　3 Idem.
770　4 Idem, deux Ste. Famille , &c.
771　3 Idem , le Jugement dernier , &c.
772　3 Des Nations de l'Europe, gr. par Sadeler.
773　3 Une Ste. Famille , Jeſus au Tombeau , Ju-
　　dith , gr. par Sadeler.
774　3 L'Annonce de l'Ange aux Bergers , une
　　Vierge, la Magdeleine, gr. par le même.
775　5 Différents Sujèts.
776　5 Trois Sujèts de Vierge , &c.
777　2 Un Calvaire , Jeſus au Tombeau.
778　3 Deux Jugement dernier , &c.
779　2 Sujèts d'après Dolendo & Blanchart.
780　8 Les 4 Evangéliſtes, les 4 Docteurs, gr. par
　　P. de Jode.
781　8 Différents petits Sujèts.
782　4 Les 4 Parties du Jour , d'après Preiſler, gr.
　　par Proebs.

783 | 3 Grands Sujtès , gr. par **N. de Bruyn.**
783 | 4 Idem.
785 | 4 Le Portement de Croix, la Réfurrection ,
&c.
786 | 4 Une Vifitation , Ste. Famille , &c.
787 | 4 Une Nativité , la Céne , &c.

Eftampes de Rubens.
Sujèts de l'Ancien Teftament.

788 | 1 La Chûte des Anges , gr. par Vorfterman ,
très-rare.
789 | 2 Loth fortant de Sodome, Loth & fes Filles ,
gr. par Vorfterman & Swanenburg.
790 | 1 Job fur le Fumier tourmenté par les Dé-
mons , gr. par Vorfterman.
791 | 1 Sacrifice de Melchifedech , gr. par Wit-
doeck.
792 | 1 Sacrifice d'Abraham , gr. par A. Stock.
793 | 1 Rencontre de Jacob & d'Efaü , gr. par P.
de Balliu.
794 | 1 Le Serpent d'Airain.
795 | 2 Samfon qui tue un Lion , Dalila qui coupe
les Cheveux à Samfon , gr. par Van Vin-
gaerde & Matham.
796 | 1 Sennacherib, gr. par Soutman.
797 | 2 Judith qui coupe la tête à Holopherne , gr.
par C. Galle. La même par un autre Graveur.
798 | 2 Judith qui tient la tête d'Holopherne , gr.
par C. Galle. Le Jugement de Salomon.
799 | 1 La Chafte Sufanne , gr. par Vorfterman ,
rare.
800 | 2 La même, Daniel dans la Foffe aux Lions,
Blotelingh excudit.

801	1 Susanne & les Vieillards , gr. par Pontius.
802	1 Susanne & les Vieillards , gr. en taille de bois , par Jeghers.

Sujèts du Nouveau Testament.

803	1 Le Mariage de la Vierge, gr. par Bolswert.
804	1 Une Annonciation , gr. par le même.
805	1 La Visitation, gr. par P. de Jode , rare.
806	1 Une grande Nativité , gr. par Vorsterman , très-rare.
807	1 Une Nativité , gr. par Bolswert.
808	1 Une Nativité en largeur , gr. par Vorsterman.
809	1 Une Nativité , gr. par Pontius.
810	1 Une Nativité en largeur, gr. par Bolswert.
811	1 Une Adoration des Rois , gr. par N. Lauwers.
812	1 Une Adoration des Rois , par Bolswert.
813	1 Une Adoration des Rois, gr. par Witdoeck.
814	1 Une grande Adoration des Rois , gr. par Lommelin.
815	1 Une Adoration des Rois en largeur , par le même
816	1 Une grande Adoration , gr. par Vorsterman.
817	1 Une grande Adoration des Rois en 2 feuilles, gr. par Vorsterman , très-rare.
818	1 La même.
819	1 Une Adoration des Rois , gr. par Vorsterman
820	1 La Fuite en Egypte , gr. par Marinus, très-rare.
821	1 Le Retour d'Egypte , gr. par Vorsterman.
822	1 Le Massacre des Innocents , en 2 feuilles , gr. par Pontius.

823 1 Une grande Préfentation au Temple , gr.
       par Pontius.
824 1 La même.
825 1 Le Bourreau qui donne la tête de S. Jean à
       Hérodias , gr. par Bolswert.
826 1 La Fille d'Hérodias préfentant la tête de S.
       Jean à fa Mère , grande Pièce en largeur ,
       gr. par Bolswert.
827 2 Rendez à Céfar ce qui appartient à Céfar ,
       la Pêche miraculeufe , gr. par Soutman.
828 1 La Pêche miraculeufe en 3 Feuilles , gr. par
       Bolswert.
829 1 La même.
830 2 Jefus donne les Clefs à St. Pierre , gr. par
       P. de Jode , Jefus & les Pénitents.
831 1 Jefus donne les Clefs à St. Pierre , deffinée
       par Rubens , d'après Raphaël , gr. par
       Soutman.
832 2 La Magdeleine chez le Pharifien , gr. par
       Natalis : le même Sujet gr. par Panneels.
833 1 La Réfurrection du Lazare , grav. par Bols-
       wert , rare.
834 1 Une grande Cene , gr. par Bolswert.
835 2 La Flagellation , un Ecce Homo , gr. par
       Pontius & C. Galle.
836 1 Jefus devant Pilate , par Bolswert.
837 1 Le Portement de Croix , gr. par Pontius.
838 1 Une grande Elévation en Croix , en trois
       feuilles , gr. par Witdoeck.
839 1 Un Chrift , gr. par Van Sompelen , très-
       rare.
840 1 Un Chrift , gr. par Bolswert.
841 2 Un Chrift avec les 2 Larrons , gr. par Bols-
       wert , un autre Chrift.
842 1 Un Chrift , gr. par Bolswert.

G

843	1	Jesus-Christ qui recommande St. Jean à la Vierge, gr. par Neefs.
844	1	Une Descente de Croix, gr. par Clouwet.
845	1	Une Descente de Croix, gr. par Vorsterman, très-rare.
846	1	La Ste. Vierge percée du Glaive de Douleur, gr. par W. Leeuw.
847	1	Jesus mis au Tombeau, gr. par C. Galle.
848	1	Jesus mis au Tombeau, gr. par Ryckmans.
849	1	Jesus au Tombeau, avec ce titre, *Christe Funus*, gr. par Pontius.
850	1	Jesus au Tombeau, en largeur, gr. par Witdoeck, rare.
851	1	Jesus au Tombeau, gr. par Soutman, très-rare.
852	1	La Résurrection, gr. par Bolswert.
853	1	L'Apparition des Anges près du Tombeau aux Stes. Femmes, gr. par Vorsterman.
854	1	Les Pélerins d'Emmaüs, gr. par Witdoeck.
855	1	Le même Sujet, gr. par Van Sompelen.
856	1	Le même Sujet, gr. par Swanenburg.
857	1	L'Ascension, gr. par Bolswert.
858	1	La Trinité, où Jesus mort soutenu par le Père Eternel, gr. par Bolswert.
859	1	La Pentecôte, gr. par Pontius.
860	2	La Conversion de St. Paul, gr. par Bolswert, la Copie de la Pentecôte.
861	1	Apparition de Jesus à la Vierge, gr. par Van Panderen.
862	2	Les 4 Docteurs de l'Eglise, gr. par C. Galle. Le même Sujet, gr. par C. Van Dalen, junior.
863	1	Les Docteurs de l'Eglise & Ste. Claire, gr. par Bolswert.
864	1	Les 4 Evangélistes, gr. par Bolswert.

865 1 La Dispute touchant le St. Sacrement, gr.
par H. Snyers, rare.

866 1 Le Triomphe de l'Eucharistie, en 2 feuilles,
gr. par Bolswert.

867 1 Le Temps qui découvre la Vérité & ter-
rasse l'Hérésie, en 2 feuilles, gr. par Lom-
melin.

868 1 Le Jugement dernier, en 2 feuilles, gr. par
Van Orley.

869 1 Le Jugement dernier, en 2 feuilles, gr.
par C. Visscher.

870 1 La Chûte des Réprouvés, gr. par Soutman, rare.

871 1 La Chûte des Réprouvés, gr. par Suyderhoef.

Sujets de Vierge.

872 1 L'Immaculée Conception de la Vierge, gr.
par Bolswert.

873 2 Le Couronnement de la Vierge, gr. en
taille de bois, par Jeghers, le même Sujèt, gr. par Pontius.

874 1 La Reine des Anges, où deux Anges cou-
ronnent la Vierge, gr. par C. Visscher.

875 1 L'Assomption de la Vierge, gr. par Bolswert.

876 1 Une Assomption, gr. par Bolswert.

877 1 Une Assomption, gr. par Pontius.

878 1 Une petite Assomption, gr. par Panneels.

879 1 La Vierge & l'Enfant Jesus qui dort sur ses
genoux, gr. en taille de bois, par Jeghers;
elle est en clair obscur, très-rare.

880 1 La Vierge sur un Piedestal, avec plusieurs
Saints & Saintes dans le bas, gr. par H.
Snyers.

881 1 Une Vierge dans une Niche avec des Enfants qui tiennent des Guirlandes de Fruits,
gr. par C. Galle.

882 1 Ste. Famille où l'Enfant Jesus tient un Oi-
seau, gr. par Bolswert.

883 1 Ste. Famille où la Vierge donne le Sein à
l'Enfant Jesus, gr. par Witdoeck.

884 1 Ste. Famille où l'Enfant Jesus dort, gr. par
Witdoeck.

885 1 Ste. Famille où l'Enfant Jesus & St. Jean
caressent un Mouton, gr. par Bolswert.

886 2 La Ste. Vierge & Jesus appuyé sur un Ber-
ceau, Er. Quellinus Ex. la même par un
autre Graveur.

887 1 La Ste. Vierge caressée par l'Enfant Jesus,
gr. par Bolswert.

888 1 La Ste. Vierge que l'Enfant Jesus embrasse,
gr. par Bolswert.

889 2 L'Enfant Jesus sur une Table, la Vierge
& l'Enfant Jesus à qui des Anges présen-
tent une Corbeille de fruits, gr. par Bolswert & A. Voet, junior.

890 1 Ste. Famille, Ste. Anne appuyée sur un Ber-
ceau, gr. par Vorsterman.

891 2 La Vierge qui tient Jesus entre ses bras,
dans une bordure ovale, gr. par Witdoeck,
Ste. Famille où St. Jean veut ôter un Pigeon
à Jesus.

892 1 Une Vierge assise avec plusieurs Saints;
c'est le Sujet allégorique du Tombeau de
Rubens, gr. par Pontius.

893 2 Le même Sujet, gr. par Eynhoudts, une
Estampe gr. en bois, représentant plusieurs
Saints.

Sujèts de Saints & Saintes.

894	1	La Mort de St. Antoine, gr. par P. Clouwet.
895	1	St. Ambroise, gr. par Eynhouedts.
896	1	St. Bavon qui diftribue des Aumônes, gr. par Pilfen.
897	1	St. François qui reçoit les Stigmates, gr. par Vorfterman.
898	1	St. François, gr. par C. Wiffcher.
899	1	Le même St. François, gr. par M. Lafne.
900	1	St. François qui reçoit la Communion, gr. par Snyers.
901	2	St. Ignace qui guérit un Poffédé, St. François-Xavier qui reffufcite un Mort, gr. par Marinus.
902	1	St. François de Paule, gr. par M. Lafne.
903	1	L'Enfant Jefus & St. Jean qui jouent avec un Mouton, gr. en taille de bois, par Jeghers.
904	2	St. Ignace, St. François-Xavier, gr. par Bolswert.
905	1	St. Ignace & St. François-Xavier, fur une même planche, gr. par Bolswert.
906	1	Le Martyre de St. Lievin, Evêque de Gand, gr. par Caukerken.
907	2	Le Martyre de St. Laurent, gr. par Vorfterman, la même par un autre Graveur.
908	1	St. Roch, Pièce ceintrée, gr. par Pontius.
909	1	Le Martyre de S. Thomas, gr. par J. Neefs.
910	2	Ste. Anne, gr. par Bolswert, la même Ste. Anne, gr. par Caukerken.
911	2	Ste. Catherine, gr. par Bolswert, le Mariage de Ste. Catherine, gr. par P. de Jode.
912	1	Le Martyre de Ste. Catherine, gr. par W. Leeuw.

913	1	Ste. Cécile & des Anges, gr. par Bolswert.
914	2	La Magdeleine foulant aux pieds ses Bijoux, gr. par Vorsterman, la Mort de la Magdeleine, gr. par Balliu.
915	1	Ste. Thérèse qui délivre les Ames du Purgatoire, gr. par Bolswert.

Sujèts de la Fable.

916	2	Achille à la Cour de Lycomêdes, reconnu par Ulysse, gr. par Rickmans, la même.
917	1	Bacchanale ou Bacchus ivre, gr. par Suyderhoef.
918	1	Bacchus ivre soutenu par un Satyre & un Maure, gr. par le même.
919	1	Une Bacchanale, gr. par Van Orley.
920	1	L'Enlévement d'Hyppodamie, gr. par Balliu.
921	1	Jupiter & Mercure chez Philémon, J. Meysens Ex.
922	1	Le Jugement de Pâris, gr. par Lommelin.
923	1	Ixion trompé par Junon, gr. par Van Sompelen.
924	1	Les trois Graces, gr. par P. de Jode.
925	1	L'Alliance de Neptune & de Cybelle, gr. par P. de Jode.
926	1	Les Noces de Thétis & de Pelée, gr. par Van Wingaerde.
927	1	La Naissance d'Erestcton, gr. par Van Sompelen, rare.
928	2	Méléagre qui présente la Hure du Sanglier à Atalante, gr. par Meysens, le même Sujèt, gr. par C. Bloemaert.
929	1	Prognée qui fait voir la tête de son Fils à son Mari, C. Galle Ex.

930	1	Repos de Diane, gr. par J. Louis, très-rare.
931	1	Silène ivre, gr. par Bolswert.
932	1	Silène ivre, soutenu par des Satyres, gr. par Soutman.
933	1	Un Retour de Chasse, où des Nymphes tiennent du Gibier, & des Satyres sont chargés de Fruits, gr. par Bolswert.
934	1	Un Satyre qui tient une Corbeille pleine de Raisins, accompagné d'une Nymphe, gr. par A. Voet.
935	1	Vénus sur les eaux, gr. par Soutman, très-rare.
936	1	Vénus qui couronne Mars, gr. par Tanjé, de la Gal. de Dresde.
937	1	Vénus au Bain, en ovale, gr. par Thomassin.
938	2	Une Nymphe endormie & un Satyre, gr. par Panneels : le même Sujèt par un autre Graveur.
939	1	Persée & Andromède, gr. par Tardieu.
940	3	L'Amour enfant, le Jugement de Midas, Bacchus assis sur un Tonneau, gr. par Surugue, Pilsen & Peirolei.
941	6	Petites Eaux-fortes, gr. par Panneels, dont Apollon & Daphné, Vénus à sa Toilette, Jupiter & Junon sur des Nuées, &c.

Sujèts historiques, allégoriques & autres.

942	2	Batailles de Constantin contre Maxence, Moncornet Ex.
943	1	Combat des Amazones, en 6 feuilles, gr. par Vorsterman.
944	2	La même, & une gr. en petit.
945	1	La Continence de Scipion, gr. par Bolswert.

946	2	Le Combat des Amazones, le Maſſacre des Innocents, en petit, gr. par Dupuis.
947	1	Cambyſe, Roi de Perſe, qui après avoir fait écorcher un mauvais Juge, ordonne au Fils de s'aſſeoir dans le Tribunal couvert de la peau de ſon Père, gr. par Eynhouedts.
948	1	La Charité Romaine, gr. par Caukerken.
949	2	Autres Charité Romaine, gr. par A. Voet & Panneels.
950	2	Repas & Bacchanale, où un Soldat donne des coups de Hallebarde, une Cavalcade du Grand-Seigneur, gr. par Van Wingaerde & Soutman.
951	2	Senèque à qui on ouvre la veine, gr. par A. Voet : un autre Senèque, figure ſeule.
952	1	Thomyris qui fait plonger la tête de Cyrus dans le ſang, gr. par Pontius.
953	2	La même en petit, un Trophée érigé à la gloire de Conſtantin, Moncornet Ex.
954	3	Un Plafond peint en Angleterre, gr. en 3 feuilles, par Gribelin.
955	2	Une Femme qui tient une chandelle allumée, à laquelle un jeune Garçon veut allumer la ſienne ; on attribue cette Eſtampe à C. Viſſcher : une Vieille qui tient un pot à anſes, d'où un Garçon tire un charbon, gr. à Paris.
956	2	Orphée qui ramène Euridice, la Broyeuſe de couleurs, gr. par Desplaces & C. Galle.
957	3	Trois Morceaux de l'Hiſtoire de Décius, tirés de la Gal. du Prince de Lichtenſtein, gr. par Schumzer.
958	9	L'Hiſtoire d'Achille, avec des Bordures autour, gr. en 9 pièces, compris le Titre, par Baron.

959 24 Les Plafonds, ou les Tableaux des Galeries de l'Eglise des Jésuites d'Anvers, gr. par Punt.

960 2 Différentes Vues de la Maison de Rubens, gr. par Harrewyn.

961 2 Une grande Thèse de Théologie dédiée par Henri de Bourbon, Evêque de Metz, à Louis XIII. le Roi y est représenté sur un Char attelé de quatre Chevaux.

962 12 Têtes d'Empereurs & de Philosophes, dessinées d'après des Antiques, par Rubens, gr. par Vorsterman, Witdoeck, Pontius & Bolswert.

Portraits.

963 1 Le Portrait de Rubens, gr. par Pontius, rare.

964 1 La Famille de Rubens, gr. en manière noire, par Ardell, belle.

965 2 Les Portraits de Rubens & de Vandyck, sur une même planche, gr. par Pontius, les Enfants de Rubens, gr. par Dansel.

966 2 Le Portrait de Rubens en buste, gr. par C. Galle, une Femme assise, gr. par Panneels.

967 1 Maximilien d'Autriche, gr. par Suyderhoef.

968 1 Le Comte d'Olivarés, gr. par Pontius.

969 2 Philippe IV. Roi d'Espagne, Elisabeth de Bourbon, son Epouse, gr. par Pontius.

970 2 L'Archiduc Albert, & l'Infante Isabelle-Claire-Eugénie, gr. par Muller.

971 2 Charles-Quint, Isabelle d'Est, peints par Rubens, d'après le Titien.

Chaſſes, Payſages, &c.

972 1 La Chaſſe aux deux Lions, gr. par W. Leeuw.
973 1 La Chaſſe aux deux Lions, gr. par Bolswert.
974 1 La Chaſſe au Sanglier, gr. par W. Leeuw.
975 1 La même Chaſſe, gr. par Soutman.
976 1 La Chaſſe au Crocodile, gr. par Soutman.
977 1 La Chaſſe aux Loups, gr. par W. Leeuw.
978 1 La Chaſſe aux Sangliers en 2 feuilles, gr. par Soutman.
979 1 La Chaſſe de Méléagre, J. Moermans Ex.
980 1 Chaſſe aux Lions & au Tigre, gr. par Moyreau.
981 4 Le Triomphe de Galathée, le Triomphe d'une Sirène, gr. d'après deux bas reliefs, par Van-Keſſel, deux Payſages.
982 8 Payſages, gr. par Bolswert & Vanuden, titres de livres & autres.

Eſtampes d'Antoine Vandyck.

983 1 Samſon & Dalila, gr. par Snyers.
984 1 Une Ste. Famille avec des Anges, Sujèt en largeur, gr. par Bolswert.
985 2 Différentes Vierge, gr. par Pontius.
986 2 Idem, gr. par Bolswert.
987 2 Idem, gr. par Bolswert & Van Keſſel.
988 2 Idem, l'une gr. par Waumans.
989 2 Une Vierge, gr. par Salvador de Carmona, le Paralytique guéri, gr. par P. de Jode.
990 4 Petites Eaux-fortes, Sujèts de Vierge & autres.
991 14 Le Seigneur & les Apôtres, gr. par Caukerken.

992 | 2 Sujèts de l'Enfant Jesus , reposant sur le Monde, gr. par Bolswert, & l'autre gr. en manière noire.

993 | 1 La prise du Seigneur au Jardin des Oliviers, gr. par Soutman.

994 | 1 Le Couronnement d'Epines , gr. par Bolswert.

995 | 2 Jesus à qui on présente un Roseau , gr. par Vandyck , le même Sujèt , gr. par Daret.

996 | 1 L'Elévation en Croix , gr. par Bolswert.

997 | 2 La même par un autre Graveur , le même Sujèt en petit.

998 | 1 Le beau Christ , gr. en manière noire , par Smith.

999 | 1 Un grand Christ , St. Jean soutenant la Vierge , gr par Bolswert.

1000 | 1 Un Christ, St. François au pied de la Croix, gr. par Balliu.

1001 | 1 Jesus mort sur les genoux de la Vierge , gr. par Vorsterman , belle Epreuve.

1002 | 1 La même.

1003 | 1 Une autre Composition du même Sujèt , gr. par Bolswert.

1004 | 1 Sainte Rosalie, gr. par Pontius, belle Epreuve.

1005 | 1 Une Ste. Famille avec un Ange, gr. par Bolswert.

1006 | 2 La Charité , St. Jérôme, gr. par Cauker-ken & C Galle.

1007 | 2 La même Charité , St. Paul , gr. en manière noire.

1008 | 1 Bélizaire à qui on donne l'Aumône, gr. par Scottin.

1009 | 1 Moïse , exposé sur les Eaux , gr. en manière noire , par Ardell, belle Epreuve.

1010 1 Le Temps qui coupe les Aîles à l'Amour,
      gr. en manière noire, par Ardell, belle Ep.
1011 2 Les deux Sujèts de Renaud & Armide,
      gr. par P. de Jode & Balliu.
1012 1 Vénus & Mars, gr. par Waumans.
1013 2 L'Amour vainqueur de l'Univers, l'Enfant
      qui joue avec l'Amour, gr. par Polenich
      & Daullé.
1014 2 Sujèts de Silène ivre, gr. par Bolswert &
      Van Steen.

Portraits.

1015 1 Les Portraits des deux Princes Stuard, gr.
      en manière noire, par Ardell.
1016 2 La Famille de Charles I. Roi d'Angle-
      terre, ce même Roi à Cheval avec le Duc
      d'Epernon, gr. par Baron.
1017 2 Charles I. Roi d'Angleterre & son Epou-
      se, en ovale, gr. par Suyderhoef.
1018 1 Le Portrait du Titien & de sa Maîtresse,
      gr. par Vandyck.
1019 2 Le même, & l'Infant Ferdinand, gr. par
      Van Sompelen.
1020 2 Fréderic-Henri, Prince d'Orange, & N.
      Vander Borcht, gr. par Vermeulen.
1021 2 Le Prince Thomas de Savoie, le Comte
      d'Aremberg, gr. par Pontius & Balliu.
1022 2 Thomas Howard, gr. par Hollar, & Fran-
      çois Duquesnoy, Sculpteur, en manière
      noire.
1023 11 Portraits connus sous le nom des Com-
      tesses, gr. par P. Lombart.
1024 10 Portraits de Princes, Princesses, Hom-
      mes Illustres & Artistes, gr. par Vorster-

	man, Pontius, Bolswert, Lommelin & autres Graveurs.
1025	10 Idem.
1026	10 Idem.
1027	10 Idem.
1028	10 Idem.
1029	10 Idem.
1030	10 Idem.
1031	10 Idem.
1032	10 Idem.
1033	10 Idem.
1034	10 Idem.
1035	10 Idem.
1036	10 Idem.
1037	10 Idem.
1038	10 Idem.
1039	10 Idem.

Eſtampes de Jacques Jordaens.

1040	1 Une Adoration des Bergers, gr. par P. de Jode.
1041	1 Une Fuite en Egypte, gr. par Pontius.
1042	1 Une Adoration des Bergers, gr. par Marinus.
1043	2 Jeſus devant Cayphe, Jeſus devant Pilate, gr. par Marinus & J. Neefs.
1044	2 Jeſus devant Pilate, gr. par J. Neefs, les Vendeurs chaſſés du Temple, gr. par Jordaens.
1045	1 Un grand Chriſt, la Vierge, St. Jean, gr. par Bolswert.
1046	2 Une Deſcente de Croix, une Fuite en Egypte, gr. par Jordaens.
1047	1 St. Martin qui guérit un Poſſédé, gr. par P. de Jode, belle Epreuve.

1048	1	La même.
1049	1	Le Martyre de Sainte Apolline, gr. par Marinus.
1050	1	Jupiter & Mercure chez Baucis & Philémon, gr. par Lauwers.
1051	1	La même.
1052	1	Le Dieu Pan gardant des Chèvres, gr. par Bolswert.
1053	1	Mercure coupant la tête à Argus, Jupiter Enfant nourri par les Satyres, gr. par Jordaens.
1054	1	Argus gardant Io & Mercure se préparant à lui couper la Tête, gr. par Bolswert.
1055	1	Un Satyre qui reçoit un Passant dans sa Grotte, gr. par Vorsterman, belle Epreuve.
1056	1	Autre Composition du même Sujèt, gr. par J. Neefs.
1057	1	Le Roi boit, gr. par Pontius, belle Epreuv.
1058	1	Jupiter Enfant nourri de Lait de Chèvres, gr. par Bolswert, belle Epreuve.
1059	2	La même, & un Berger qui converse avec une Bergère, gr. par Bolswert.
1060	2	Un Concert qui se fait après une Collation, gr. par Bolswert, une Femme à sa Toilette, où la Folie tient un Miroir, un Vieillard lui montre une Tête de mort.
1061	2	La Folie tient un Chat, la Folie tenant un Hibou, gr. par A. Voet & P. de Jode.

Estampes de Gérard Seghers.

1062	1	Le Reniement de St. Pierre, gr. par Bolswert.
1063	1	Une Assemblée de Fumeurs & de Buveurs, gr. par Lauwers, belle Epreuve.

1064	2	St. Ignace & la Vierge, St. François-Xavier & la Vierge, gr. par Bolswert.
1065	3	Ste. Cécile faisant un Concert avec des Anges, le Reniement de St. Pierre en petit, St. François & Ste. Claire adorant l'Enfant Jésus, gr. par Lauwers, de Paullis & P. de Jode.
1066	2	Une Adoration des Mages, St. Sébastien, gr. par Pontius.
1067	2	Une Ste. Famille, la Mort de St. François, gr. par Pontius & Vorsterman.
1068	2	Jésus couronné d'Epines accompagné de plusieurs Anges, & les sept Pénitents, gr. par C. Galle & J. Neefs.

Estampes de Rombouts, de Quellin, de Crayer, de Schut & autres Maîtres.

1069	2	Le Sacrifice d'Abraham, un Concert d'après Rombouts, gr. par Bolswert.
1070	2	Une Ste. Famille, & Jésus portant sa Croix, d'après Vanhoeck, gr. par Pontius & A. Voet.
1071	3	Un grand Portement de Croix, d'après Vanhoeck, Jésus au Tombeau, d'après Janssens, &c.
1072	2	Le Baptême d'un Roi Maure, le Jugement de Salomon, d'après Quellin, gravé par Lauwers.
1073	2	Ste. Famille, une Résurrection du même, gr. par P. de Jode & C. Galle.
1074	3	Ste. Famille avec des Anges, d'après Van Lint, Susanne & les Vieillards, d'après Schut, &c.

1075	1 Grande Thèse en 4 feuilles, d'après Quellin, gr. par Bolswert.
1076	1 Une Vierge du même.
1077	2 Une Vierge, St. Roch du même, gr. par Vander Does & J Neefs.
1078	3 St. Blaise, d'après Crayer, gr. par Pilfen, St. Thomas de Villeneuve, un Sujèt de l'Euchariſtie, d'après Quellin.
1079	4 Saints Jéfuites, gr. par Bolswert.
1080	29 Saints & Saintes, d'après Diepenbeke, Quellin & autres, par différents Graveurs.
1081	4 Sujèts de Martyres de quelques Sts. &c.
1082	1 St. Nicolas apparoiſſant à Conſtantin, d'après Schut, gr. par Witdoeck, belle Epreuve.
1083	7 Les Arts Libéraux, gr par Schut.
1084	3 UneVierge, Vénus, & une autre, d'après Flinck, gr. par Van Dalen.
1085	1 Des Satyres jouant avec desTigres, d'après Van Laar, gr. par Suyderhoef.
1086	1 Joseph qui fait diſtribuer desGrains,d'après Bartholomé Breenbergh.
1087	1 Grande Chaſſe aux Sangliers, d'après Snyders, gr. par Zaal.
1088	1 Une grande Compoſition des principaux Myſtères de l'Euchariſtie, d'après Bertolet, gr. en 2 feuilles par Chauveau.
1089	1 Grande Piéce en 6 feuilles, repréſentant les Généraux des Chartreux, d'après Bertolet, gr. par Natalis.
1090	1 La même.
1091	1 St. Bruno en Prières, des mêmes.
1092	1 Cléopatre qui va trouver Antoine sur le Fleuve Cydnus, d'après S. Vrancx, gr. par Matham.

Beaux Portraits.

1093 | 10 Portraits des Princes & Princesses de Nassau, inventés par Soutman, gr. par Suyderhoef & Van Sompelen.

1094 | 15 Les Empereurs de la Maison d'Autriche, inventés & gravés par les mêmes.

1095 | 1 L'Amiral Kortenaer, gr. par Blotelingh.

1096 | 1 L'Amiral Vander Hulst, gr. par J. Wisscher.

1097 | 1 L'Amiral David Vlugh, gr. par Bary.

1098 | 3 Autres Amiraux d'Hollande, gr. par Mosyn, U Houtten, &c.

1099 | 1 Petrus Scriverius Harlemensis, gr. par C. Visscher.

1100 | 1 Jacob Cornelisz, dessiné par C. Visscher, gr. par Vander Hoove.

1101 | 1 Gellius de Bouma, gr. par C. Visscher.

1102 | 1 Erasme Wikemburg, gr. par Suyderhoef.

1103 | 1 Gillis de Glarges, gr. par le même.

1104 | 1 Johannes Hoornbeckius, gr. par le même.

1105 | 1 Theodorus Cornhertius, gr. par H. Goltzius.

1106 | 4 Les quatre Portraits faits au Maillet, par Jean Lutma, rare.

1107 | 1 Daniel Heinsius, gr. par Suyderhoef.

1108 | 1 Henri IV. Roi de France, gr. par H. Goltzius.

1109 | 1 Aloysius Contaretus Venetus, gr. par Vorsterman.

1110 | 1 Renatus Cartesius, sans nom de Graveur.

1111 | 2 Jacob Van Hoorn, Simon Episcopus, gr. par Houbraken & Gunst.

1112 | 2 Johannes Polyander, Robertus Junius, gr. par Suyderhoef & C. Visscher.

1113 | 2 Jacob Edelhez , gr. par Fruytiers , Leonardus Marius Goezanus.

1114 | 2 Josephus Bergaigne , Joannes Wachtendonck , gr. par J. Neefs & Verschuppen.

1115 | 2 Nicolaus Rockoc , Andreas Rivetus , gr. par Pontius & Hondius.

1116 | 2 Adrianus Motmans, Alexandre VII. gr. par C. Visscher.

1117 | 2 Petrus Aretinus , Joannes Bocatius , gr. par P. de Jode.

1118 | 3 Erasmus, gr. par Vorsterman , Poggius , Theodorus Cornhertius, sans noms de Graveurs.

1119 | 2 Petro Aretino , Carolus - Quintus , gr. par Hollar & Van Keffel.

1120 | 2 L'Ariofte , Raphaël d'Urbin , gr. par Persinius & Pontius.

1121 | 3 Raphaël d'Urbin , Petro Aretino , gr. par Hollar , &c.

1122 | 3 Lucas de Leyde , Jean Holbeins, gr. par Stokius , &c.

1123 | 3 Charles I. Roi d'Angleterre , le Connétable de Bourbon , gr. par Vorsterman , &c.

1124 | 2 Dominus Hieronymus de Bran , Nicolaus Roccoxius , gr. par Vorsterman.

1125 | 3 J. Caramuel de Lobkowitz , Adolfus Vorstius , gr. par Vorsterman & Pontius.

1126 | 3 Rudolphus II. Imp., Henricus Schwarkenberg , gr. par Sudeler , & une Femme avec un Nègre.

1127 | 1 Rudolphus II. Imp. à cheval , gr. par Sadeler.

1128 | 3 Joannes Bollius , Joannes ab Hohenzollern , Petrus Brughel , gr. par Goltzius & Sadeler.

1129 2 Rudolphus II. Imp. Sigis. Batthori , gr.
par Sadeler.

1130 2 Joannes ab Ach , Bart Spranger & son E-
pouse , gr. par Matham & Sadeler.

1131 1 Un grand Portrait historié de l'Empereur
Matthias , gr. par Sadeler.

1132 5 Petits Portraits ovales , gr. par différents
Graveurs.

1133 6 Petits Portraits , idem.

1134 6 Idem.

1135 6 Idem.

1136 6 Idem.

1137 5 Idem.

1138 4 Portraits ovales , gr. par Sadeler.

1139 3 Grand Portrait ovale , la Reine d'Angleterre , l'Electeur Palatin , &c.

1140 4 Idem , Luther , les Princes de Nassau , &c.

1141 2 Ambroise Spinola , le Prince de Nassau
à cheval , gr. par Muller & Crispin de
Pas.

1142 2 Henricus Comes Vanden Berghe , un autre
très-beau , gr. par Pontius & Spiere.

1143 2 Sujèts d'Epitaphe de Mr. de Triest , Evêque de Gand , où se trouve son Portrait.

1144 2 Côme de Médicis , Henri II. Roi de Fr.
gr. par la Casa , rare.

1145 2 Johan Van Leyden , B. Knipperdolling ,
gr. par Henri Agelgraff , très-rare.

1146 2 Charles-Quint , gr. par la Casa , Ant. Per-
renot de Granvelle.

1147 4 Petits Portraits , gr. par Goltzius.

1148 4 L'Archiduc Albert , l'Infante Isabelle , le
Dante , &c.

1149 4 Juste Lipse , Henri II. , &c.

1150 2 La Fille du Titien , autre Portrait d'une

		Dame , gr par Bafan , de la Gal. de Drefde.
1151	2	L'Epoufe du Titien , Guillaume III. Roi d'Angleterre , &c.
1152	2	Jeanne d'Arragon , Portrait de Carondelet, gr. par Chereau & Larmeffin.
1153	3	Différents Portraits.
1154	3	Idem.
1155	4	Idem.
1156	22	*Pictorum aliquot Celebrium Germaniæ Inferioris Effigies* , avec leurs Eloges en Vers latins , par Lampfonius.

Eftampes de Rimbrant.

1157	3	Abraham & Ifaac, le Sacrifice d'Abraham, Agar renvoyée.
1158	3	Jofeph racontant fes fonges , Jacob pleurant la mort de Jofeph , la Chafteté de Jofeph
1159	3	Tobie le Pére , l'Ange quittant Tobie , la Synagogue des Juifs.
1160	1	L'Ange annonce aux Bergers la Naiffance du Sauveur , rare.
1161	1	La même.
1162	3	Deux Fuites en Egypte , un Retour d'Egypte.
1163	3	Une Nativité , une Fuite en Egypte & les Morts enfevelis.
1164	3	La Préfentation au Temple , deux Circoncifions.
1165	1	Grande Préfentation au Temple.
1166	2	L'Enfant Prodigue , petite Réfurrection du Lazare.
1167	2	Les Vendeurs chaffés du Temple , Jefus prêchant au Temple.

1168 1 Jefus guériffant les Malades, connu fous le nom de la Piéce de cent florins.
1169 2 Réfurrection du Lazare, le bon Samaritain.
1170 4 Le Tribut de Céfar, le Martyre de Saint Etienne, la Samaritaine, St. Jérôme.
1171 3 La Samaritaine, l'heure de la Mort, l'Etoile des Rois.
1172 2 Un Chrift, Jefus mis au Tombeau.
1173 1 Un grand Ecce Homo.
1174 1 La même.
1175 1 La grande Defcente de Croix.
1176 1 La même Defcente de Croix.
1177 2 Jefus-Chrift entre les Larrons, Notre-Seigneur crucifié.
1178 3 Une Defcente de Croix, les Pélerins d'Emmaüs.
1179 2 St. Pierre & St. Jean à la porte du Temple, le Baptême de l'Eunuque par Saint Philippe.
1180 1 La Mort de la Ste. Vierge, grande Pièce.
1181 3 La Faifeufe de Couques, le Vendeur de Mort-aux-Rats, la petite Bohémienne.
1182 2 L'Aveugle & un jeune homme qui joue de la Cornemufe, un autre Sujèt de même grandeur.
1183 3 L'homme méditant, & deux autres.
1184 2 Chaffes aux Lions.
1185 1 Le Mariage de Creüfe & Jafon, ou la Médée.
1186 2 La Baigneufe, le Cochon.
1187 2 L'Amour couché, le petit Orfèvre.
1188 6 Payfages.
1189 1 Le Portrait de l'Avocat Tolling.
1190 1 Abraham franc.
1191 1 Le Docteur Fauftus.

1192	2 Le petit Portrait de Coppenol, Jean Lutma.
1193	2 Le grand Portrait de Coppenol, le Docteur Vit-Ten-Bogaert.
1194	2 Le Portrait d'Asselin, & un autre.
1195	3 Le Portrait de Rimbrant, & autres.
1196	3 Le Portrait de Rimbrant qui grave une Planche, deux feuilles d'Etudes de Têtes.
1197	2 Clément de Jonghe, le Bourg-mestre Six, gr. à Paris.
1198	2 Différents Portraits de Rimbrant.
1199	4 La Mère de Rimbrant, & autres.
1200	6 Petites Têtes.
1201	4 Deux Polonois, deux autres.

Estampes gravées d'après Rimbrant.

1202	4 Portraits, gr. par J. Livens, Lutma, Segers, &c.
1203	1 La Résurrection du Lazare, gr. par J. Livens.
1204	1 Le même Sujèt, gr. par J. Louis.
1205	1 Loth & ses Filles, gr. par Van Vliet.
1206	1 Le Baptême de l'Eunuque par S. Philippe, gr. par Van Vliet.
1207	1 Le même Sujèt.
1208	1 St. Jérôme, gr. par Van Vliet.
1209	16 Petits Sujèts inventés & gr. par Van Vliet.
1210	10 Feuilles d'Etudes, gr. d'après les Desseins de Rimbrant.
1211	1 Samson trahi par Dalila, gr. par Landererre.
1212	1 Un Portrait de Rimbrant, gr. par Tanjé, de la Gal. de Dresde.
1213	2 Le Philosophe en Méditation, le Philosophe en Contemplation, gr. par Surugue.

1214	2 Vertumne & Pomone, la Maîtresse d'Eole, gr. par Lepicié & Piroleri.
1215	2 Portraits , gr. par Fillœul.
1216	1 Le Père de Rimbrant , gr. par Surugue.
1217	1 Un Homme taillant une Plume, gr. en manière noire , par Houston.
1218	3 Deux Portraits de Rimbrant & un autre , en manière noire.
1219	2 La Mère de Rimbrant , une Femme qui plume un Poulet , gr. en manière noire , par Ardell & Houston.
1220	2 Le Bourg-mestre Six & un autre, gr. en manière noire.
1221	2 St. Anastase , gr. par Balliu , une Femme qui lit , gr. en manière noire.
1222	4 Têtes , gr. en manière noire.
1223	3 Portraits , dont un gr. en manière noire.

Estampes du Comte Goudt , Hollar ,
Luiken.

1224	4 La Fuite en Egypte , Cérès qui boit , l'Ange & Tobie, un Paysage , gr. par le Comte Goudt.
1225	3 L'Ange & Tobie , Cérès qui boit , gr. par Hollar , la Sorcellerie , gr. par Van Velde.
1226	4 Salmacis , gr. par Helsheimer , un Paysage, le Satyre chez le Paysan , & la Piscine , gr. d'après le même , par Hollar.
1227	1 Le Calice , gr. par le même.
1228	4 Paysages, la petite Bourse de Londres, idem
1229	4 Portraits , d'après Holbeins , idem.
1230	5 Idem.
1231	5 Idem.

1232	60 Les petites Modes d'Allemagne, gr. par Hollar.
1233	8 Sujèts d'Enfants & autres, idem.
1234	16 Sujèts de Chasse & d'Insectes, idem.

Estampes de R. de Hooghe.

1235	1 La Mort de Messieurs de Wit.
1236	1 Un Seigneur descend de sa Voiture pour adorer l'Eucharistie.
1237	1 La Mort d'Henri IV. Roi de France.
1238	6 Sujèts des Guerres des Pays-Bas.
1239	3 Sujèt Satyrique sur la Guerre, le Dom Quichotte de la France, Arlequin Deodat, &c.
1240	2 Sujèts sur la Paix conclue à Bréda.
1241	2 Grands Sujèts, la Réception de la Princesse d'Orange, &c.
1242	2 Le Couronnement de Guillaume III. un Siège de Ville.
1243	2 La Synagogue des Juifs, &c.
1244	4 Sujèts de Bataille, Sièges, & Combat Naval.
1245	4 Sujèts de Réjouissance faites à Bruxelles.
1246	5 Différents Sujèts.
1247	3 Le Massacre de la St. Barthélémi, en deux feuilles, 2 autres Sujèts, gr. par Luiken.
1248	5 Sujèts choisis de la Bible, gr. par Luiken.

Estampes d'Ostade, Berghem, Visscher, & autres.

1249	1 Le Bal, d'après Ostade, gr. par Suyderhoef.
1250	1 Une Dispute de Paysans, nommée le coup de Couteau, d'après Ostade, gravée par Suyderhoef.

1251	1 Une Tabagie, idem, gr. par J. Viſſcher.
1252	2 Autres Sujèts de Tabagie, gr. par Suyderhoef.
1253	2 Sujèts en largeur, repréſentant des Danſes de Village, gr. par J. Viſſcher.
1254	2 Autres Sujèts, d'Oſtade, gr. par Suyderhoef, &c.
1255	5 Petits Sujèts, gr. par Oſtade & par J. Viſſcher.
1256	1 Le Bal, d'après Berghem, gr. par J. Viſſcher.
1257	4 Grands Payſages, du même, gr. par Danckerts.
1258	4 Les quatre Heures du jour, idem, gr. par J. Viſſcher.
1259	4 Grands Sujèts d'Animaux, d'après Berghem, gr. par J. Viſſcher.
1260	6 Idem.
1261	3 Sujèts des mêmes.
1262	32 Petits Sujèts d'Animaux, gr. par Berghem & autres.
1263	2 Le Chat, le Joueur de Vielle, gr. par C. Viſſcher.
1264	3 La Folie, le Vendeur de Mort-aux-Rats, le Joueur de Vielle.
1265	2 Le Nègre, la Bohémienne, gr. par J. & C. Viſſcher.
1266	2 L'Africain, l'Africaine.
1267	5 Les cinq Sens de Nature, d'après Both.
1268	2 Grands Payſages, d'après le même, gr. par Bargas.

Eſtampes de David Teniers.

1269	2 Les deux grandes Fêtes Flamandes, gr. par P. Lebas.

K

1270 2 Guinguette Flamande, Retour de Guinguette, gr. par Lebas.
1271 2 Les Canards, gr. par Lebas.
1272 2 La Famille de Teniers, la Tentation de St. Antoine, gr. par Lebas.
1273 2 Une Vue de Flandre, les Joueurs de Cartes, gr. par Lebas & Chenu.
1274 2 St. Antoine, l'Apparition de l'Ange aux Bergers, gr. par le même.
1275 2 Départ pour le Sabat, arrivée au Sabat, gr. par Aliamet.
1276 1 Le Chymiste, gr. par Thomas, major.
1277 2 Le même Chymiste, gr. par Jorma, le Médecin Empirique, gr. par Tardieu.
1278 2 L'Instant critique, la Lecture diabolique, gr. gar Bafan.
1279 6 Différents Sujets.
1280 6 Petits Sujèts, gr. à l'Eau-forte, par Teniers & autres.

Estampes de différents Maîtres.

1281 6 Petites Eaux-fortes, de différents Maîtres.
1282 1 La Récompenfe Villageoife, d'après C. Lorrain, gr par Lebas.
1283 1 Le Sanglier forcé, d'après Wouvermans, gr. par Lebas.
1284 1 La Paix de Munfter, d'après Terburg, gr. par Suyderhoef.
1285 2 Chasses au Sanglier, & à l'Ours, d'après Hondius, gr. par Chenu.
1286 1 Un Avocat confulté par des Payfans, d'après Holbeins, gr. par Water.
1287 1 Les Muficiens ambulants, d'après Dietricy, gr. par G. Wille.

1288	1	Les Bergers, du même, gr. par Zingg.
1289	1	Caïn & Abel, du même, gr. par Daullé.
1290	2	La Marchande Hollandoife, la double Sur-prife, d'après Girard Douw, gr. par Moit-te & Beauvarlet.
1291	1	La Dévideufe, du même, gr. par G. Wille.
1292	1	La Mort de Cléopatre, d'après Netcher, gr. par G. Wille.
1293	2	Un Taureau dans un Payfage, d'après P. Potter, gr. par Mafquelier, la Femme en couroux, d'après Zick.
1294	2	Le Philofophe, d'après Oeftricg, gr. par Zufchi, un Concert, d'après Cofter, gr. par Vorfterman.
1295	2	Actéon métamorphofé en Cerf, d'après Rottenhamer, gr. par Beauvarlet, le Con-trat de Mariage, d'après J. Sten, gr. par Baquoy.
1296	2	Un jeune Joueur d'Inftrument, d'après Scalken, gr. par Wille, la double Tenta-tion, d'après Mieris, gr. par Menil.
1297	2	Le Paradis Terreftre, d'après Hondius, gr. par Lebas, un Ecce Homo, gr. par Rode.
1298	4	La Savoyarde endormie, le Savoyard éveil-lé, d'après Bol, &c.
1299	3	Sujets de Tabagie Hollandoife, d'après Afcanius, gr. par Pool & autres.
1300	4	L'Ecurie Hollandoife, d'après Wouver-mans, gr. par Moyreau, & 4 Payfages.
1301	3	Le Moulin Flamand, deux Vues d'Amfter-dam.
1302	2	Sujets de clair de Lune, d'après Vander Neer, gr. par Duret.
1303	2	Marines, d'après Momper & Van Arthvel, gr. par Bolswert & C. Galle.

1304	1 Une Bataille de Payſans, d'après Mole-naerd, gr. par Caukerken.
1305	3 La même en petit, & deux autres.
1306	4 Payſages, de J. Bol & autres.
1307	4 Sujèts, d'après le vieux Breughel.
1308	4 La Fille ruſée, Déclaration d'Amour, &c. d'après Trooſt, gr. par Tanjé.
1309	2 La Fête de St. Nicolas, les Philoſophes, d'après le même, gr. par Houbraken & Tanjé.
1310	6 Sujèts, d'après W. Hogarth, par différents Graveurs.

Payſages gravés en Angleterre & autres.

1311	2 La Mort de Niobé, la Chûte de Phaéton, d'après Wilſon, gr. par Woollett.
1312	2 Grands Payſages, d'après Schineſter, gr. par Woollett.
1313	2 Le Retour de la Pêche, la Chaſſe aux San-gliers, gr. par W. Eliott, d'après les Deſ-ſeins de J. Pillement.
1314	2 Grands Payſages, d'après Patel, gr. par Vivarés.
1315	2 Deux grands Sujèts de Conjuration de Ma-gicien, d'après J. Colin.
1316	2 Les Cueilleurs de Houblon, les Amants Champêtres, gr. par Vivarés.
1317	3 Payſages de différents Maîtres Anglois.
1318	14 Payſages, inventés & gravés par H. Svan-veldt.
1319	12 Marines & Payſages, gr. par Zeeman & Vanden Hoecke.
1320	12 Les Mois de l'Année, gr. par Stephano-nius.

1321 10 Autres Mois de l'Année, différents, manque deux mois.

*Eftampes gravées en manière noire, par
Smith.*

1322 1 Actéon métamorphofé en Cerf, gr. par
Smith, belle Epreuve.

1323 2 La même, & celle gravée à Paris, par Lar-
meffin.

1324 1 Tarquin & Lucrèce, gr. par Smith.

1325 1 Un Chien qui mange un Lièvre dans une
Cuifine, gr. à l'Eau-forte, par Smith, très-
rare.

1326 1 Un Départ pour la Chaffe, gr. en manière
noire, par Smith.

1327 1 Une Nymphe qui fe baigne, idem.

1328 1 Vénus & Adonis.

1329 2 Bain de Diane, un autre.

1330 2 Loth & fes Filles, une fous ce tître, *Om-
nia vincit Amor.*

1331 1 L'Eftampe nommée la Magdeleine à la
Lampe, d'après Schalken.

1332 2 Le même Sujèt, par différents Graveurs.

1333 2 La Magdeleine aux Chardons, la même
par un autre Graveur.

1334 1 Le Frère Leigh, ou le Comédien habillé en
Cordelier.

Portraits de Smith.

1335 2 Le Lord Buckurft & Sadi Sackville, & un
autre Portrait.

1336 2 La Ducheffe de St. Albans, la Comteffe
d'Effex.

1337	1 Le Lord Euston.
1338	2 George , Prince de Dannemarck , Charles Montague.
1339	2 Guillaume III. & un autre.

Estampes en manière noire de différents Graveurs.

1340	1 Les Forgerons , d'après Brouwer , gr. par Ardell.
1341	2 Sujèts de Jeux d'Enfants, d'après Mercier, gr. par Ardell.
1342	2 Portraits de jeunes Filles , gr. par Ardell.
1343	1 Les Comédiens Griffin & Johnson , gr. par Bleeck.
1344	1 Une Ste. Famille , d'après Vander Werf.
1345	1 La Comtesse de Northumberland , gr. par Houston.
1346	2 Beaux Portraits de Femmes.
1347	1 Deux jeunes Filles jouant avec des Pigeons, gr. par Fisher.
1348	2 Portraits de Femmes , gr. par Watson & Stée.
1349	2 Portraits d'Hommes , gr. par J. Stolker.
1350	2 Idem , gr. par Preisler & Schenck.
1351	1 Vénus & Adonis , gr. par Lens.
1352	3 Le Portrait de Ragotski , deux Têtes de Saints.
1353	3 Différents Sujèts , gravés par Faber & autres.
1354	2 Idem.
1355	1 Une belle Composition inventée & gravée par Verkolie.
1356	2 La Souriciere, Vénus & Cupidon , par le même.

1357	2	Cérès & Triptolème , gr. par Gole, un Paon & d'autres Oiseaux.
1358	2	Un Concert, un Trompette portant une Lettre à une Dame.
1359	2	Vertumne & Pomone, un autre.
1360	3	Différents Sujèts, gr. par Faber Purcell. &c.
1361	2	Sujèts repréfentant des Ufuriers, gr. par Vandermyn & Wilfon.
1362	3	La Pefeufe d'or, la Ménagère, &c. gr. par Sarrabat.
1363	3	Portraits de Femmes , gr. par Purcell. & Riley.
1364	3	Idem , gr. par Beckett , &c.
1365	3	Idem , gr. par Beckett & Faber.
1366	3	Portraits.
1367	3	Le Roi de Pruffe, le Prince Ferdinand, Mr. Keith.
1368	3	Le Roi de Pruffe & autres.
1369	3	Portraits , gr. par Schenck & Bloeteling.
1370	5	Idem , gr. par Gole Valck.
1371	4	Les Eléments, d'après Mercier, gr. par Houfton.
1372	3	Sujèts d'Enfants du même, gr. par Faber.
1373	8	Sujèts de la Vie Champétre, d'après Mercier, gr. par Faber.
1374	4	La Fille rufée , Confultation de Parents , &c. gr. par Wilfon.
1375	3	Jonas , Sufanne ,Judith , gravés par Waillant.
1376	3	Bacchus , l'Amour, l'Ouvreufe d'Huître, gr. par Faber & Houfton.
1377	3	Un Concert, le Joaillier , le Barbier , gr. par Faber & Gole.
1378	8	Différents Sujèts.

*Sujèts de Chasses & d'Animaux, inventés
& gravés par Ridinger.*

1379	24 Différentes Chasses.
1380	16 Idem.
1381	11 Idem.
1382	36 Sujèts de Chevaux , Mulets, Anes , &c.
1383	18 Sujèts de différents Animaux.
1384	8 Sujèts d'Oiseaux , en hauteur.
1385	4 Les Saisons, grands Sujèts en hauteur.
1386	4 Grands Sujèts en hauteur, représentant des Sangliers , des Cerfs , des Chèvres.

Fin des Estampes de Ridinger.

1387	6 Sujèts de différents Animaux , gravés par Muller & autres.
1388	24 Petits Sujèts de Chiens, Oiseaux , gr. par Fyt & Flamend.

*Différents Sujèts, gravés en Allemagne,
accompagnés d'Ornements en Baroque.*

1389	16 Sujèts de Rois, Philosophes &autres grands Hommes.
1390	16 Idem.
1391	16 Idem , les Vertus, les Eléments , les Saisons , &c.
1392	8 Idem , les 4 Parties du Monde , &c.
1393	14 Sujèts de Vases , Epitaphes , &c.

ECOLE FRANÇOISE.

Estampes de Cousin , Voüet , Perrier.

1394	1 Le Jugement dernier , inventé par Jean

Coufin, & gravé en douze feuilles, par P. de Jode.

1395 | 9 Sujets de Plafonds, d'après Voüet, gr par Dorigny.

1396 | 5 Une Affomption, une Nativité, Jefus au Tombeau, &c. du même, gr. par Dorigny & Daret.

1397 | 4 Jephté, Samfon, Jugement de Salomon, Saint François, gravés par Tortebat & Audran.

1398 | 5 Une Affomption, plufieurs Ste. Famille, &c. du même, gr. par Dorigny, Boulanger & autres.

1399 | 4 St. Euftache, Lucrèce, &c.

1400 | 4 St. Jean prêchant, Moïfe tiré des Eaux, &c. d'après Perrier.

1401 | 5 Du même, St. Auguftin, St. Roch, &c.

Eftampes d'Euftache le Sueur.

1402 | 1 Le Martyre de St. Prothais, gravé par G. Audran.

1403 | 2 La Magdeleine aux pieds du Sauveur, St. Paul prêchant à Ephefe, gr. par B. Audran.

1404 | 2 Jefus au Tombeau, le Martyre de St. Gervais, gr. par Picart.

1405 | 2 Le Martyre de St. Laurent, Réfurrection de Dorcas par St. Pierre, gr. par Audran & Duflos.

1406 | 2 Jefus prêchant dans le Temple, St. Paul fait brûler les livres à Ephefe, gr. par Thomaffin & Picart.

1407 | 1 Aléxandre malade, gr. par B. Audran.

L.

Estampes de Nicolas Poussin.

1408	7	Les sept Sacrements, gr. en 2 feuilles, par Jean Pesne.
1409	7	Les mêmes, en petit, gr. par Benoit Audran.
1410	7	Les mêmes, plus petit, gr. par Pavillon.
1411	7	Les sept Sacrements, d'une autre Composition, gr. en 2 feuilles, par G. Dughet.
1412	4	Les Saisons de l'Année, représentées par des Sujèts tirés de l'ancien Testament, gr. par J. Audran & J. Pesne.
1413	1	St. Jean qui baptise dans le Jourdain, gr. en 2 feuilles, par G. Audran.
1414	1	Le Frappement du Rocher par Moïse, gr. par Claudia Stella, rare.
1415	2	Moïse exposé sur les Eaux, gr. par Claudia Stella, en deux feuilles, grande Ste. Famille avec des Anges, gr. par J. Pesne.
1416	2	Moïse foulant aux pieds la couronne de Pharaon, Ananie puni de mort, gr. par Baudet & Pesne.
1417	2	La Femme Adultère, le Calvaire, gr. par G. Audran & Claudia Stella.
1418	2	Les Israélites adorent le Veau d'or, Esther devant Assuérus, gr. par Baudet & J. Pesne.
1419	3	Le même Veau d'or, punition d'Ananie, gr. par Andriot, la Manne recueillie par les Israélites.
1420	2	Le Miracle d'Elisée, en faveur de l'Armée de Joram, une grande Adoration des Bergers.
1421	3	La Peste chez les Philistins, Adoration des Bergers, une Ste. Famille, gr. par Baronius, Pesne, Stella.

1422 4 Les Ifraélites recueillant la Manne, une
       Annonciation, une Ste. Famille, &c. gr.
       par Chafteau, Dughet, &c.
1423 5 Le Frappement du Rocher, l'Aveugle né
       guéri, St. Paul & Silas fouettés, Sainte
       Famille, &c. par différents Graveurs.
1424 4 Moïfe fauvé des Eaux, Fuite en Égypte,
       une Nativité, l'Incrédulité de St. Thomas,
       par différents Graveurs.
1425 3 Adoration des Bergers, deux différentes
       Compofitions du Sujèt de St. Paul enlevé
       au Ciel, gravées par Picart, Chafteau &
       Pefne.
1426 5 Le Baptême de J. C. 2 Sujèts de la Pefte, S.
       Erafme, St. Barthélémi, gr. par Pefne,
       Delpo, Mittelli, &c.
1427 4 Trois différentes Ste. Famille, Jefus mort,
       gr par Pefne & Chauveau.
1428 5 Deux Ste. Famille, Jefus mort, &c. gr. par
       Pefne & autres.
1429 5 Rebecca, les Aveugles de Jéricho, la Fem-
       me Adultère, un Calvaire, le Boiteux guéri,
       gr. par Audran & autres.
1430 5 Moïfe fauvé des Eaux, La Manne, le
       Veau d'or, la Mort d'Ananie, Phyrrus
       fauvé chez les Mégariens, gr. par Audran,
       Surugue & autres.
1431 1 La Mort de Germanicus, gr. par Chafteau,
       rare.
1432 1 Hercule prononçant un Jugement, gr. par
       Strange
1433 1 Le Temps qui enlève la Vérité ; elle eft
       avant la Draperie, gr. par G. Audran.
1434 1 Le Sujèt de Coriolan fléchi par fa Mère,
       gr. en deux feuilles, par G. Audran.

1435　1 Phyrrus fauvé chez les Mégariens , gr. en deux feuilles , par G. Audran.

1436　3 L'Enlèvement des Sabines de différentes Compofitions, Renaud & Armide , gr. par J. Audran & Baudet.

1437　2 Autre Sujèt de Renaud & Armide , Galatée , gr. par Chafteau & Pefne.

1438　3 La même Galatée , Vénus endormie , Teftament d'Eudamidas , gr. par Pefne , &c.

1439　3 Vénus donnant des Armes à Enée , l'Empire de Flore , une Bacchanale , gr. par Loir, Audran & Ertinger.

1440　4 Le Maître d'Ecole , gr. par G. Audran , deux Bacchanales , &c.

1441　4 Triomphe de Bacchus & d'Ariane , les Bergers d'Arcadie , Renaud & Armide , &c. par différents Graveurs.

1442　3 Bacchus & Ariane , Apollon & Daphné , &c.

1443　6 L'Image de la Vie humaine, une Charité Romaine, & 4 petites Eaux-fortes.

1444　18 Les Travaux d'Hercule , gravés par J. Pefne.

Eftampes de Le Brun.

1445　1 Le Plafond de la Chapelle de Seaux , gr. en 5 feuilles , par G. Audran.

1446　1 Le Maffacre des Innocents , gr. en deux feuilles , par Loir.

1447　1 La Chûte des Anges , gr. en deux feuilles , par Loir.

1448　1 Le grand Chrift aux Anges , gr. en deux feuilles , par G. Edelinck.

1449 | 1 L'Affomption de la Vierge , Sujèt du Pla-
fond du Séminaire de St. Sulpice , gr. en
3 feuilles , par Simonneau.

1450 | 2 Les deux grands Sujèts de Moïfe , gr. par
B. Audran.

1451 | 1 Le Serpent d'Airain , gr. par A. Maffon.

1452 | 2 L'Entrée dans Jérufalem , le Calvaire , gr.
par Simonneau & B. Audran.

1453 | 2 St. Charles , St. Louis , gr. par G. Ede-
linck.

1454 | 1 St. Charles , gr. par le même , bonne E-
preuve.

1455 | 1 St. Louis , idem , bonne Epreuve.

1456 | 1 La Magdeleine , gr. par le même , bonne
Epreuve.

1457 | 2 Le Martyre de St. Etienne , la Préfentation
au Temple , gr. par Audran.

1458 | 2 Une Defcente de Croix , le Martyre de St.
André , gr. par Poilly & Picart.

1459 | 2 Le Bénédicité , la Pentecôte , gr. par G.
Edelinck & G. Audran.

1460 | 2 Jefus fervi par les Anges , St. Jean , gr. par
Mariette & Poilly.

1461 | 4 Le Martyre de St. Etienne , la Charité hu-
maine , deux Ste. Famille , gr. par Lan-
glois , Defplaces & Rouffelet.

1462 | 3 Sacrifice d'Abraham , Agar dans le Défert ,
St. Jean , gr. par Defplaces & Picart.

1463 | 7 Le Serpent d'Airain , le Calvaire , l'Af-
fomption , la Magdeleine , &c. gr. en petit , par Audran , Duflos & autres.

1464 | 3 Jefus mort fur les genoux de la Vierge ,
gr. par Rouffelet , Jefus fervi par les Anges , St. Charles en petit.

1465 | 3 Les deux Sujèts de Moïfe , le Maffacre

des Innocents, gr. en petit, par Picart &
Duflos.

1466 | 7 Le Plafond du Pavillon de l'Aurore, qui
est peint à Seaux, gr. en 7 feuilles, par
Simonneau.

1467 | 6 Les cinq Batailles d'Aléxandre, gr. par G.
Audran & G. Edelinck, avec la marque
de Goyton, belle Epreuve, la Bataille de
Porus, où il est monté sur un Eléphant,
B. Picart Ex.

1468 | 2 Bataille & Triomphe de Constantin, gr.
en 3 feuilles, par G. Audran.

1469 | 6 Les Batailles d'Aléxandre, de même gran-
deur que les précédentes, gr. en Hollande,
par W. Gunst.

1470 | 8 Les 6 mêmes Batailles d'Aléxandre, Ba-
taille & Triomphe de Constantin, gr. en
petit, par J. Audran & Tardieu.

1471 | 1 La Conquête de la Franche-Comté, gr. par
Simonneau, belle Epreuve.

1472 | 2 La même en petit, le Plafond de la Cha-
pelle de Seaux, en petit, gr. par M. Hor-
themels & Picart.

1473 | 4 Morceaux de Plafond, gr. par St André.

1474 | 8 L'Histoire de Méléagre, en 8 Pièces, com-
pris le Titre, gr. sous la Direction de B.
Picart.

1475 | 1 Une Thèse, en deux feuilles, gr. par G.
Edelinck.

1476 | 1 Une autre, idem.

1477 | 1 Une autre, idem.

1478 | 1 Une idem.

1479 | 1 Une idem.

1480 | 2 Autres idem.

1481 | 2 Autres idem, gr. par Poilly & Rousselet.

Estampes de Pierre Mignard.

1482	1 Le Plafond du Val-de-Grace, gr. en six feuilles, par G. Audran.
1483	1 Le grand Portement de Croix, gr. par G. Audran.
1484	1 St. Charles qui communie les Pestiférés, gr. par Poilly; c'est celle où il donne la Communion de la main gauche, très-rare.
1485	1 Le même St. Charles qui donne la Communion de la main droite, idem.
1486	2 Le Baptême de J. C. par St. Jean, Jesus mort sur les genoux de la Vierge, gr. par Scotin & Loir.
1487	2 La Visitation de la Vierge, la Circoncision, gr. par Roullet & Scotin.
1488	2 Le Mariage de Ste. Catherine, Ste. Cécile avec des Anges, gr. par Poilly & Duflos.
1489	2 Le même Mariage de Ste. Catherine, la Vierge où l'Enfant Jesus tient une grappe de Raisins, gr. par Roullet.
1490	5 Ste. Cécile, St. Charles, & autres, gr. en petit.
1491	5 L'Ecce Homo, Ste. Thérèse, le Portement de Croix, &c. en petit.
1492	1 La Famille de Darius aux pieds d'Aléxandre, gr. en deux feuilles, par G. Edelinck.
1493	1 Plafond de la petite Galerie de Versailles, gr. en 3 feuilles, par G. Audran
1494	4 Les 4 Saisons peintes dans la Galerie de St. Cloud, gr. par Poilly.
1495	1 La Peste dans le Royaume d'Eaque, gr. par G. Audran.
1496	14 Pièces du Plafond & des Tableaux de la Galerie de St. Cloud, gr. par Poilly.

| 1497 | 1 Une Thèfe, gr. en 2 feuilles, par Roullet. |
| 1498 | 3 Petites Thèfes, gr. par Poilly & autres. |

Eftampes du Valentin & Freminet.

| 1499 | 3 Le Reniement de St. Pierre, une Bohémienne qui dit la bonne Aventure, d'après le Valentin, une Ste. Famille, d'après Freminet. |
| 1500 | 4 St Antoine, Sufanne & les Vieillards, la Bohémienne, &c. d'après le Valentin, par différents Graveurs. |

Eftampes de Sébaftien Bourdon.

1501	7 Les OEuvres de Miféricorde, gr. par lui-même.
1502	7 Les mêmes Sujèts, gr. en petit, par Audran.
1503	2 Jefus au Tombeau, une Ste. Famille, gr. par Boulanger & Natalis.
1504	2 Différentes Ste. Famille, gr. par Natalis & Van Schuppen.
1505	3 Jefus au Tombeau, &c gr. par Rouffelet.
1506	3 La Converfion de St. Paul, une Ste. Famille, les Veftales, gr. par Chatillon, Hinzelman & Brebes.
1507	3 Deux Ste. Famille, Andromaque & Aftianax, gr. par Rouffelet & Bernard.
1508	12 Sujèts des Vertus & des Arts.

Eftampes de Claude Mellan.

| 1509 | 1 La Ste. Face, gravée d'un feul trait. |
| 1510 | 5 St. Grégoire, St. Jérôme, St. Bruno, St. Caïetan, &c. |

1511	4 Titres de Livres.
1512	4 St. Bruno , St. Claude , St. Jean-Baptiste , &c.
1513	4 Deux Ste. Famille , Minerve , &c.
1514	5 Une Ste. Famille , Loth & ses Filles , Samson & Dalila , la Magdeleine , &c.

Estampes de Noël , Ant. & Charles Coypel.

1515	2 Le Jugement de Salomon , Moïse sauvé des Eaux , gr. par G. Audran & J. Audran.
1516	2 Athalie , Susanne , gr. par J. Audran & Poilly.
1517	1 Rebecca reçoit les présents du Serviteur d'Abraham , gr. par Drevet , belle , rare.
1518	2 Adam & Eve , le Sacrifice d'Abraham , gr. par Drevet.
1519	2 Esther devant Assuérus , Tobie guéri de sa Cecité , gr. par Audran & Duchange.
1520	2 Jacob pleurant la Mort de Joseph , Susanne & les Vieillards , gr. par Poilly & Simonneau.
1521	2 Loth & ses Filles , Jacob & Rachel , gr. par Simonneau & J. Audran.
1522	2 Le Calvaire , la Magdeleine aux Pieds du Sauveur , gr. par Simonneau.
1523	4 La Conception , l'Annonciation , le Baptême de J. C. l'Ecce Homo , gr. par Joullain , Tardieu , &c.
1524	3 L'Annonciation , un Christ , la Résurrection , gr. par Drevet & J. Audran.
1525	4 Une Ste. Famille , St. Pierre délivré de Prison , Ste. Cécile , Judith , gr. par Chasteau , Duchange , &c.

M

1526 4 Deux Sujèts de la Magdeleine, une Ste.
Famille, Susanne, gr. en petit.

1527 1 Le Plafond de la Galerie du Palais Royal,
gr. en 4 feuilles, par Tardieu.

1528 11 Les Tableaux de la Galerie du Palais
Royal, par différents bons Graveurs.

1529 2 L'Adieu d'Hector & d'Andromaque, la
Colère d'Achille, gr par Tardieu.

1530 2 Les Enfants à la Toilette, Thalie chassée
par la Peinture, gr. par Lepicié.

1531 1 Vénus sur les Eaux, avant la Lettre, gr.
à l'Eau-forte par Coypel, terminée par
Simonneau, belle Epreuve.

1532 2 Bacchus & Ariane, Diane au Bain, gr.
par Gr. Audran & Duchange.

1533 2 Apollon & Daphné, Renaud & Armide,
gr par Tardieu & J. Audran.

1534 1 Le Sacrifice de Jephté, gr. par Duchange.

1535 2 La même d'un autre Graveur, & l'Eau-
forte de la Descente d'Enée aux Enfers.

1536 4 Les Sujèts de l'Histoire Grecque & Romaine, gr. par Dupuis & Duchange.

1537 2 L'Amour piqué par une Abeille, Zéphyr
& Flore, gr. par Duflos & B. Picart.

1538 2 L'Amour consolant Psyché, Mariage d'A-
léxandre & de Roxane, gr. par J Audran, & B. Picart.

1539 2 Vénus sur les Eaux, le Bain de Diane, gr.
par Desplaces & Lebas.

1540 3 Armide veut tuer Renaud, la Vérité chasse
l'Ignorance & l'Erreur, un Sujèt allégorique, gr. par Dupuis, Desplaces & Simonneau.

1541 2 Sujèt de l'Amour & Psyché, gr. par Daullé & Tardieu.

1542 | 3 Pyrame & Thisbé, la Matrône d'Ephése, la Charité Romaine, gr. par Desplaces & Lebas.

1543 | 3 Hercule ramène Alceste des Enfers, l'Amour chez Anacréon, Silène frotté de Mûres, gr. par Desplaces & Trouvain.

1544 | 3 L'Alliance de Bacchus & Vénus, l'Alliance de Bacchus & l'Amour, Jupiter & Junon, gr. par Lebas, Audran & Duchange.

1545 | 4 L'Amour & la Beauté, les Amours qui forgent des Traits, Zéphyr & Flore, Vertumne & Pomone, gr. par Desplaces, Audran, Vermeullen.

1546 | 4 L'Amour de Ville, l'Amour de Village, la Toilette de Nuit, le Négligé du Matin, gr. par Lepicié, Dupuis, Salvador Carmona.

1547 | 4 Galatée, Mars chez Vulcain, la Jeunesse habillée en Vieille, le Roi conduit par la Sagesse, gr. par Tardieu, Drevet, &c.

1548 | 4 L'Amour & Psyché, la Décrépitude parée par la Folie, l'Amour Maître d'Ecole, &c. gr. par Surugue, Lepicié, &c.

1549 | 5 L'Adieu d'Hector & d'Andromaque, la Colère d'Achille, gr. en petit, par Tardieu, Renaud abandonne Armide, &c.

1550 | 4 Persée délivre Andromède, Vénus donne des Armes à Enée, &c. par Surugue & Poilly.

1551 | 24 L'Hist. de D. Quichotte, en 24 feuilles.

Estampes du Cabinet du Roi.

1552 | 1 Les Pélerins d'Emmaüs, d'après le Titien, gr. par Antoine Masson, belle.

1553	1	La Sainte Famille, d'après Raphaël, gr. par G. Edelinck.
1554	2	Jesus porté au Tombeau, d'après le Titien, Ste. Famille & des Saints, d'après le vieux Palme, gr. par Rousselet & Picart.
1555	2	Le Martyre de St. Etienne, de différentes Compositions, d'après le Carache, gr. par Chasteau & Baudet.
1556	2	La Peste chez les Philistins, d'après le Poussin, la Séparation de St. Pierre & de St. Paul, d'après Lanfranc, gr. par Picart.
1557	2	Moïse sauvé des Eaux, les Aveugles de Jéricho, d'après le Poussin, gr. par Rousselet & Chasteau.
1558	3	Moïse sauvé des Eaux, idem, la Manne, Phyrrus sauvé chez les Mégariens, gr. par Rousselet & Chasteau.
1559	4	Les Evangélistes, d'après le Valentin, gr. par Rousselet.
1560	4	Les Travaux d'Hercule, d'après le Guide, gr. par Rousselet.
1561	2	Le Déluge, d'après Aléxandre Véronèse, l'Assomption de la Vierge, d'après le Carache, gr. par Edelinck & Chasteau.
1562	2	Un Concert, d'après le Dominiquain, le Denier César, d'après le Valentin, gr. par Picart & Baudet.
1563	2	David chantant les Louanges de Dieu, Enée sauvant son Père Anchise, d'après le Dominiquain, gr. par Rousselet & G. Audran.
1564	2	St. Paul enlevé au Ciel, d'après le Poussin, le Mariage de Ste. Catherine, d'après Aléxandre Véronèse, gr. par Chasteau & Scotin.

1565	2 La Vierge au Silence, d'après le Carache, Ste. Cécile, d'après le Dominiquain, gr. par Picart.
1566	2 St. Antoine de Padoue, d'après Vandick, St. François en Méditation, d'après le Guide, gr. par Rousselet.
1567	2 L'Homme Sensuel, la Vertu Héroïque, d'après le Corège, gr. par Picart.

Fin du Cabinet du Roi.

1568	2 La Vierge au Silence, d'après le Carache, gr. par Hinzelman, Ste. Cécile, d'après le Dominiquain, sans nom de Graveur.
1569	2 St. Michel, d'après Raphaël, gr. par Larmessin, le Mariage de Ste. Catherine, d'après le Corège.

Estampes de Louis de Boulogne.

1570	1 Jesus présenté au Temple, gr. par Drevet.
1571	3 David jouant de la Harpe, St. Paul guérissant un Possédé, le Martyre de Saint Jacques, gr. par Van Thulden & par lui-même.
1572	4 Les Eléments, gr. par Desplaces.
1573	4 Les mêmes, gr. en petit.
1574	2 Actéon & Diane, un Sujèt allégorique à la Louange de Louis XIV. gr. par Sornique & Thomassin.
1575	2 Le même Sujèt allégorique, Jupiter & Sémélé, gr. par Bricart.
1576	2 Bacchus & Ariane, les Adieux d'Hector & d'Andromaque, gr. par Moyreau.

Estampes de Champagne.

1577 | 1 L'Annonciation , gr. par Pitau.

1578 | 2 St. Bruno & ses Compagnons en Prières , un autre Sujèt de St. Bruno , d'après Bertolet , gr. par Pitau & Natalis.

1579 | 3 Une Vierge , la Magdeleine pénitente, St. Bernard , gr. par Poilly & autres.

1580 | 3 Deux Sujèts de Vierge , St. Chrysostôme , gr. par Morin & Poilly.

1581 | 3 Deux Ste. Face , Ste. Génevieve , gr. par Montaigne & Morin.

1582 | 3 Une Nativité , Jesus mort , une Assomption , gr. par Morin & Bénard.

1583 | 4 Un Concile de l'Eglise Grecque , 2 Portraits de St. Athanase , gr. par Pitau , St. Paul guéri par Ananie , d'après la Fosse , gr. par Baudet.

1584 | 2 Révélation des Corps des Sts. Gervais & Prothais à St. Ambroise , gr. par Andriot & un autre.

Estampes de Jouvenet.

1585 | 4 Les 4 Tableaux de St. Martin des Champs , qui sont , les Vendeurs chassés du Temple , la Magdeleine chez le Pharisien , la Pêche miraculeuse , la Résurrection du Lazare , gr. par Duchange & J. Audran , belle Epreuve.

1586 | 1 Le Magnificat , gr. par Thomassin , belle Epreuve.

1587 | 1 La Guérison des Malades , gr. par Desplaces.

1588 | 2 Le Mariage de la Vierge, St. Bruno, gr.
par Dossier & Desplaces.

1589 | 2 L'Adoration des Mages, la Résurrection
du Fils de la Veuve de Naïn, gr. par
Loir & Duchange.

1590 | 2 Elévation en Croix, Jesus présenté au
Temple, gr. par Loir & Desplaces.

1591 | 2 Une Descente de Croix, Jesus mort au
pied de la Croix, gr. par Loir & Desplaces.

1592 | 3 La Guérison des Malades, l'Adoration des
Mages, gr. en petit, la Résurrection du
Lazare, d'après Boulogne, gr. par Moy-
reau.

1593 | 2 Andromaque, Vénus aux Forges de Vul-
cain, gr. par Desplaces.

1594 | 2 Clitie changé en Tournesol, Latone & ses
Enfants, gr. par Duchange & Dubocq.

Estampes d'Antoine Watteau.

1595 | 2 L'Amour au Théatre François, l'Amour
au Théatre Italien, gr. par Cochin.

1596 | 2 Un Village Pillé, la Revanche des Pay-
sans, gr. par Baron.

1597 | 3 Départ des Comédiens Italiens, gr. par
Jacob, &c.

1598 | 2 Enlévement d'Europe, Diane au Bain,
gr. par Aveline.

1599 | 2 Le Triomphe de Cérès, l'Ordre du Saint-
Esprit donné à Mgr. le Duc de Bourgogne,
gr. par Crepy & Larmessin.

1600 | 2 Le Repas de Campagne, la Collation, gr.
par Desplaces & Moyreau.

1601 | 3 Sujèts galants.

1602	2 Les Amuſements de Cythère, les Enfants de Cythère, gr. par Surugue & Dupin.
1603	10 Sujèts de Portières & de Paravents, gr. par Moyreau, Crepy, &c.
1604	4 Idem.
1605	5 Idem.

Eſtampes de Lancret.

1606	2 Les Portraits hiſtoriés de Mlle. Camargo, & Mlle. Salé, gr. par L. Cars & Larmeſſin.
1607	2 Le Glorieux, le Philoſophe marié, gr. par Dupuis.
1608	4 Les Eléments, par différents bons Graveurs.
1609	4 Les Saiſons, idem.
1610	4 Les quatre Ages, gr. par Larmeſſin.
1611	4 Les quatre Heures du Jour, gr. par Larmeſſin.
1612	2 Le Maître Galant, les Amours du Bocage, gr. par Lebas & Larmeſſin.
1613	4 Le Théatre Italien, deux différents Jeux d'Enfants, la Belle Grecque, gravés par Schmidt & Larmeſſin.
1614	22 Sujèts, d'après Lancret, Pater, Boucher & autres, gr. par Larmeſſin, Fillœul, &c.
1615	4 Les Saiſons, en largeur, gr. par Larmeſſin.

Sujèts de Chaſſes & Animaux, de Deſportes & Oudry.

1616	3 Chaſſe au Sanglier, Chaſſe au Loup, Combat Domeſtique, d'après Deſportes, gr. par Joullain.
1617	4 La Surpriſe du Renard, la Garde fidelle,

		l'Epagneul, le Chien couchant, gr. par Beauvarlet & Duflos, d'après Oudry.
1618	4	L'Abois du Cerf, le Cygne effrayé, la Curée faite, &c. gr. par Lebas & Aveline, idem.
1619	3	Le Panthère, le Chat-Panthère, le Mouflon, d'après Oudry, gr. par Bafan.
1620	3	La Chaffe au Cerf, la Chienne-Braque, le Sérail du Doguin, gr. par Silveftre & Daullé, idem.

Eftampes de Mrs. de Troy.

1621	2	David & Bethfabée, Sufanne & les Vieillards, gr. par L. Cars.
1622	2	Une Adoration des Bergers, une Vierge, gr. par Defplaces & Thomaffin.
1623	2	Le Triomphe de Mardochée, & une autre, gr. par Parrocel.
1624	1	La Pefte de Marfeille, gr. par Thomaffin.
1625	2	La Toilette pour le Bal, le Retour du Bal, gr. par Beauvarlet.
1626	2	Jupiter & Califto, une Léda, gr. par Feffard.
1627	2	Salmacis & Hermaphrodite, l'Aimable Accord, gr. par Daullé & C. Tournai.

Eftampes de Mr. Cazes.

1628	2	La Pentecôte, le Seigneur faifant approcher les petits Enfants, gr. par Valée.
1629	2	Pyrame & Thisbé, Repos de Galatée, gr. par l'Empereur & Defplaces.
1630	5	Les Surprifes de l'Amour, gr. par Valée & Defplaces.

N

Estampes de Stella.

1631	2	Différentes Ste. Famille , gr. par Rousse-let & Falck.
1632	3	Une Ste. Famille , Rémus & Romulus, &c.
1633	3	Ste. Famille , & Sujèts de Vierge , gr. par Rousselet & Van Schuppen.
1634	2	Le Mariage de Ste. Catherine , une Ste. Famille , gr. par C. Stella & Poilly.
1635	17	Les Pastorales , gr. par Claudia Stella , en 17 feuilles , compris le Titre.

Estampes de Bouchardon.

1636	4	Les Fêtes Lupercales , les Fêtes de Palès , le Triomphe de Bacchus , le Triomphe d'Amphitrite , gr. par Fessard.
1637	2	Sacrifice à Cérès , Ulysse évoque l'ombre de Thérésias , gr. par Fessard.
1638	2	Vénus donnant le Fouet à l'Amour , le Pendant , gr. par Fessard.
1639	10	Apollon & les Muses , Huquier Ex.
1640	5	Les 5 Sens , gr. par Fessard.
1641	5	Vénus sur les Eaux , les Naïades , &c. par différents Graveurs.
1642	6	La Fontaine de Grenelle , en six feuilles.
1643	24	Les deux Livres de diverses Figures d'Académie , dessinées d'après le Naturel , par différents Graveurs.
1644	7	Un nouveau Livre d'Enfant & d'Académie , gr. par Aveline.

Estampes de M. Restout.

1645	2	Laban & Jacob , Jacob & Rachel , gr. par Cochin.

1646	1 Le Seigneur au Jardin des Oliviers, gr. par Drevet.
1647	2 Les Malades à la Piscine, la Transfiguration, gr. en petit, par Tardieu.
1648	1 Armide détruit son Palais, gr. par Cochin.

Estampes de François Le Moine.

1649	2 Adam & Eve, & un autre Sujèt d'Adam & Eve, d'après C. Natoire, gr. par L. Cars & Flipart.
1650	2 L'Annonciation, le Plafond destiné pour la Galerie de la Banque, gr. par Beauvarlet & Silvestre.
1651	2 La même Annonciation, un Sujèt allégorique sur la Naissance des Princesses de France, gr. par L. Cars.
1652	2 Hercule qui tue Cacus, le Sacrifice d'Iphigénie, gr. par L. Cars.
1653	2 Céphale enlevé par l'Aurore, l'Enlévement d'Europe, par L. Cars.
1654	4 Hercule & Omphale, Androméde, le Temps qui enlève la Vérité, la Baigneuse, gr. par L. Cars.
1655	2 Narcisse, Renaud & Armide, gr. par Pelletier & Silvestre.
1656	1 Le grand Morceau du haut de la Thèse de l'Abbé de Ventadour.

Estampes de M. Pierre.

1657	1 Adoration des Bergers, gr. par S. de Carmona.
1658	1 Les Forges de Vulcain, gr. par l'Empereur.
1659	1 L'Enlévement d'Europe, gr. par le même.

1660 1 Herminie cachée sous les Armes de Clo-
rinde, gr. par Fessard.
1661 1 Harmonia, Fille d'un Roi de Syracuse
poignardée, gr. par Cochin.
1662 2 Bacchus & Ariane, Sacrifice au Dieu Pan,
gr. par l'Empereur.
1663 2 Le Savoyard, la Savoyarde, gr. par Larmessin.
1664 3 Ganimède, une Bacchanale, la Lanterne
Magique, gr. par Preisler & Daullé.
1665 4 Léda, Bisaltis, le Ménage Savoyard, &c.
gr. par Fessard & autres.

Estampes de M. Vanloo.

1666 2 Abraham prend Agar pour Femme, David
joue de la Harpe devant Saül, gr. par
Desplaces & Cochin.
1667 2 Le Mariage de la Vierge, la Résurrection
de J. C. gr. par Dupuis & S. de Carmona.
1668 2 Bethsabée au Bain, une Nativité, gr. par
Tardieu & L. Cars.
1669 2 Le Mariage de la Vierge, une Nativité,
par d'autres Graveurs.
1670 1 Un Bacha faisant peindre sa Maîtresse, gr.
par Lepicié.
1671 1 Le Contrat de Mariage, gr. par Elisabeth
Lepicié.
1672 1 Les Baigneuses, gr. par l'Empereur.
1673 1 L'Amour à l'Ecole, gr. par Gaillard.
1674 1 Enée portant son Père Anchise, gr. par
Dupuis.
1675 1 Mars & Vénus, gr. par Ravenet.

Eſtampes de M. Boucher.

1676	1	Une Nativité, gr. par Feſſard.
1677	2	Départ de Jacob, l'Ange annonce la Naiſſance de J. C. aux Bergers, gr. par E. Couſinet & l'Empereur.
1678	1	Vénus ſur les Eaux, gr. par Moitte.
1679	3	La Naiſſance de Bacchus, deux différents Enlévements d'Europe, gr. gar Aveline & Duflos.
1680	2	La belle Villageoiſe, la belle Cuiſiniére, gr. par Soubeyran & Aveline.
1681	2	Les Amants ſurpris, l'Agréable Leçon, gr. par Gaillard.
1682	2	Sylvie délivrée par Aminte, la Baigneuſe ſurpriſe, gr. par Gaillard & Daullé.
1683	2	Jupiter & Caliſto, Jupiter & Léda, gr. par Gaillard & Ryland.
1684	2	L'Amour enchaîné par les Graces, le Triomphe de Vénus, gr. par Beauvarlet & Daullé.
1685	2	Des Bacchantes endormies, la Toilette de Vénus, gr. par Gaillard & Duflos.
1686	2	La Naiſſance de Vénus, le Trait dangereux, gr. par Duflos & Poletnich.
1687	2	L'Amour déſarmé, Penſent-ils aux Raiſins, gr. par Feſſard & Lebas.
1688	2	Les Charmes de la Vie Champêtre, le Dévot Hermite, gr. par Daullé & Chédel.
1689	2	La Naiſſance & la Mort d'Adonis, gr. par Scotin & Aubert.
1690	4	La Fontaine de l'Amour, la Muſique, le Trébuchet, la bonne Aventure, gr. par Aveline.

BIBLIOTHEQUE ROYALE

1691	2	La Bascule, le Colin-Maillard, gr. par Beauvarlet.
1692	4	Diane retournant de la Chasse, les Confidences Pastorales, Toilette Pastorale, Erigone vaincue, gr. par Duflos.
1693	2	La Muse Erato, la Muse Clio, gr. par Daullé.
1694	2	Les Nymphes au Bain, les Graces au Bain, gr. par Ouvrier & Ryland.
1695	3	Andromède, Vénus qui tient une Couronne, les Amours en gaieté, gr. par Aveline, Mlle. Contad & Daullé.
1696	4	L'Education de l'Amour, une Femme couchée, gr. à la manière du crayon par de Marteau, 2 Grandes Vignettes, gr. par Cochin & Cars.
1697	3	Vénus endormie, Vénus tranquille, l'Amour sur les Eaux, gr. par Aubert Duflos, le Vasseur.
1698	5	Le Pasteur Galant, le Pasteur Complaisant, gr. par Laurent.
1699	3	Vénus & l'Amour, l'Amour porté par les Graces, la Mort d'Adonis, gr. par Daullé, &c.
1700	4	Grande Composition Chinoise.
1701	1	La Thèse de M. de Choiseul, gr. par L. Cars.

Estampes de Corneille, Frère André, Bertin Largillière, Antoine Dieu & autres Maîtres.

Sujèts Pieux.

1702	2	St. Paul & Silas qu'on veut adorer, l'Apothéose d'Enée, d'après Corneille, gr. par Poilly, &c.

1703	2	Une Préſentation au Temple, St. Jean de la Croix & St. Thérèſe à qui J. C. apparoît, gr. par J. Audran, idem.
1704	3	La Réſurrection, les Pélerins d'Emmaüs, la Vierge & St. Félix, d'après le Frère André, gr. par Drevet, Petitte & Larmeſſin.
1705	4	Rebecca, Jacob & Laban, le Boiteux guéri à la Porte du Temple, le Baptême de l'Eunuque par St. Philippe, d'après Bertin, gr. par Cochin.
1706	3	Le Portement de Croix, l'Elévation en Croix, une Ste. Marguerite, d'après Largillière, gr. par Roettiers, &c.
1707	2	Jeſus Enfant adoré par des Anges, une Fuite en Egypte, gr. par Pitau.
1708	2	Le Portement de Croix, d'après Antoine Dieu, gr. par J. Audran, un grand Chriſt.
1709	2	Le même Portement de Croix, une grande Thèſe, gr. par Langlois.
1710	3	Le Cadavre d'après Houaſſe, gr. par Baudet, Réſurrection de Dorcas, &c.
1711	3	La Magdeleine, chez le Phariſien, d'après Licherie, gr. par Bazin, St. Paul & Silas. en Priſon, d'après Plate, Montagne, gr. par Barbery, la Multiplication des Pains, de C. Audran.
1712	2	La Guériſon des Malades, St. Charles, d'après Dulin, gr. par Cochin & Tardieu.
1713	3	Une Ste. Famille, d'après Villequin, gr. par Pitau, 2 autre Vierge.
1714	4	Le Calvaire, de Parocel, St. François-Xavier, d'après Sourley, St. Louis tenant la Croix, &c.
1715	4	Vierge & Ste. Famille, de Loir & la Hyre.

1716	4	Suſanne d'après Santerre , gr. par Deſplaces , 3 Sujèts de Vierge.
1717	4	Sujèts de Vierge.
1718	2	Le Paſſage de la Mer rouge, une Fuite en Egypte, d'après Verdier , gr. par G. Audran.
1719	6	Hiſtoire d'Eſther en 4 pièces , 2 Sujèts d'Aléxandre , d'après le même , gr. par Hauſſard & Horthemels.
1720	4	Sujèts de Vierge , St. François , d'après Loir.
1721	4	Ste. Famille & Adoration des Bergers , d'après Baugin , Santerre , Lafage.
1722	3	Un Chriſt de la Hyre , & autres.
1723	5	Une Nativité de la Vierge , Ste. Marie Egyptienne, & autres.
1724	7	St. Antoine de Padoue prêchant aux Poiſſons & aux Oiſeaux, Ste. Famille de la Hyre , &c.
1725	6	Sujèts pieux de différents Maîtres.
1726	6	Idem.
1727	5	Idem.

Eſtampes de différents Maîtres.
Sujèts Profaqes.

1728	6	Les Bains du Soleil , les Chevaux du Soleil , Latone , Acis , Galatée , d'après les Statues de Verſailles , gr. par J. Edelinck , Picart & Baudet.
1729	1	La Tempête, d'après Vernet , gr. par Balechou , prémière Epreuve.
1730	1	Le Calme , du même , prémière Epreuve : nota que la Tempéte ſe trouve de l'autre côté de cette Eſtampe.

1731	2	La Vue des Alpes, Vue des Apennins, d'après Vernet, gr. par Ouvrier.
1732	11	Sujets de l'Histoire d'Enée, peints par Cotelle, dans le Cabinet des Bijoux, à St. Cloud, gravés par Tardieu, Audran & autres.
1733	1	Le Geste Napolitain, d'après J. B. Greuze, gr. par Moitte.
1734	1	Le Père de Famille, du même, gr. par P. Martinasie, bonne Epreuve
1735	1	Les Ecosseuses de Pois, du même, gr. par Lebas.
1736	1	Une Femme & des Enfants, du même, gr. par Cars.
1737	2	L'Aveugle Dupé, la Marchande de Marons, du même, gr. par L. Cars & Beauvarlet.
1738	2	L'Ecole Flamande, & l'Ecole Hollandoise, d'après Eisen, gr. par Ouvrier.
1739	2	Le Jardinier, la Fruitière, d'après Vanasse, gr. par Beauvarlet.
1740	3	Jupiter & Léda, Zéphyr & Flore, la Mort de Lucrèce, d'après Challe, gr. par Tilliard & Henriquez.
1741	2	L'Amour Européen, l'Amour Asiatique, d'après Eisen, Bassan Excudit.
1742	8	Les Eléments, & les Ages, d'après Verdier, gr. par Haussard.
1743	1	Une Dame qui joue de la Sérinette, d'après Chardin, gr. par L. Cars.
1744	4	Le Mari jaloux, l'Opérateur Bari, l'Amour Petit-Maître, &c. d'après Jeaurat, gr. par Balechou & autres.
1745	4	Sujets Galants, d'après Jeaurat & autres.
1746	2	Pan & Syrinx, Andromaque & Astianax,

O

d'après Silveſtre , gr. par Thomaſſin & J. Audran.

1747	2	Coriolan , d'après de la Foſſe , Renaud & Armide , d'après Silveſtre , gr. par Thomaſſin & J. Audran.
1748	3	Le Colombier , l'Abreuvoir d'Oiſeaux , gr. par Chedel , Sacrifice d'Iphigénie, d'après Bertin , gr. par Horthemels.
1749	2	Fête Bachique , le Bénédicité Flamand , le Vieillard complaiſant , d'après le Nain , gr. par Daullé , Eliſabeth Couſinet & St. Maurice.
1750	2	Le Triomphe de Bacchus , le Triomphe d'Amphitrite , d'après C. Natoire , gr. par Duflos.
1751	4	Les Eléments , du même , gr. par Aveline.
1752	2	La Chaſte Suſanne , la Chaſteté de Joſeph, d'après Vien & Nattier , gr. par Beauvarlet.
1753	2	La Force, un Buveur & une Femme, d'après Nattier , gr. par Balechou , &c.
1754	2	Vénus & Enée , Diane au bain , d'après Natoire , gr. par Flipart & Deſplaces.
1755	3	Vénus châtiant l'Amour , Amphitrite , &c. d'après Nattier & Natoire , gr. par Lepicié & Feſſard.
1756	3	Une Léda , Pâris jouant du Chalumeau , d'après Fouché , la belle Source d'après Nattier , gr. par Deſplaces & Melini.
1757	3	Une Baigneuſe , des Nymphes endormies , d'après Fouché , gr. par Deſplaces & Audran.
1758	3	Bacchus & Ariane , Vénus à ſa Toilette , le Triomphe de Flore , inventés & gr. par Aveline.

1759	3	Achille reconnu par Ulyſſe, une Léda, Le Triomphe de Mardochée, d'après le Clerc, gr. par Jeaurat, &c.
1760	6	La Vie de l'Enfant Prodigue, d'après le Clerc, par différents Graveurs.
1761	3	Différents Sujèts, d'après Raoux.
1762	2	Acis & Galatée, Vertumne & Pomone, d'après Marot, gr. par Audran & Chereau.
1763	2	Télémaque & Calypſo, Achille plongé dans le Styx, d'après Vleughels, gr. par Jeaurat.
1764	2	L'Amour indiſcret, l'Amitié généreuſe, du même, gr. par Surugue.
1765	4	Achille reconnu par Ulyſſe, Enlévement d'Hélène & autres, du même, gr. par Surugue & Lepicié.
1766	2	Diane & Actéon, d'après Cheron, gr. par Baron, Jupiter, nourri par les Nymphes.
1767	3	Alphée & Aréthuſe, Tancréde ſecouru par Clorinde, Jupiter & Sémélé, d'après Tremoliéres, la Grenée & Mathée, gr. par Feſſard, Beauvarlet & Daullé.
1768	3	L'Ecole Champêtre, d'après le Nain, la Place Maubert, d'après Jeaurat, &c.
1769	3	Une Maſcarade Chinoiſe, Achille & Chiron, Cléobis & Biton, par différents Graveurs.
1770	3	La Magdeleine chez le Phariſien, gr. par Subleyras, un Payſage, de Dughet, &c.
1771	5	Pan & Syrinx, la mort de Clorinde & autres.
1772	6	Petits Sujèts différents.
1773	4	Le Jugement de Pâris, d'après Goltzius, gr. par Surugue, &c.
1774	4	Les Amuſements de la Vie privée, une Su-

fanne , d'après Chardin & Verkolie , gr.
par Surugue , & 2 autres.

1775 | 6 Sujets de Figures feules , à demi-Corps.
1776 | 6 Idem.
1777 | 6 Différents Sujets.
1778 | 2 Le Père de Famille , les petits Savoyards ,
d'après Greuze & Drouais , gr. en ma-
nière noire , par Elie Haid.

Eſtampes de Jacques Callot.

1779 | 1 La grande Pièce appellée le Puits , ou le Pur-
gatoire , gr. au Burin en 4 feuilles.
1780 | 1 La grande Thèſe , en 2 feuilles , du Fils du
Duc de Lorraine , dédiée à ſon Père.
1781 | 1 La grande Foire de Florence , gr. à Nancy.
1782 | 3 La Carrière , ou la Rue de Nancy , le
Combat de Veillane , deſcente de Trou-
pes dans l'Iſle de Rhé.
1783 | 2 La Tentation de St. Antoine , une petite
Théſe.
1784 | 1 Le Siège de Bréda , fans les deux feuilles
de Diſcours.
1785 | 1 Le Siège de la Rochelle : nota , il y manque
4 Bandes & les Banderoles de Diſcours.
1786 | 18 Les grandes Misères de la Guerre , belle
Epreuve.
1787 | 16 Les Martyres des Apôtres , ancienne E-
preuve.
1788 | 18 Les Martyres des Apôtres , 3 Pièces de la
grande Paſſion : nota , manque un Apôtre.
1789 | 14 Les Apôtres , de la plus grande forme ,
manque 2 Pièces.
1790 | 23 La petite Paſſion , en 12 Pièces , & la Vie
de l'Enfant Prodigue.

1791	18 Onze sujèts du Nouveau Testament, les petits Pénitents.
1792	21 La Vie de la Vierge, en 13 Pièces, & neuf autres.
1793	7 Les 2 Vues de Paris , 2 Massacres des Innocents , St. Nicolas prêchant , le Bénédicité , le Jeu de Boules.
1794	11 La Pandore , l'Arbre de St. François , les 23 Martyres des Frères Mineurs au Japon, les 7 Péchés Mortels.
1795	14 Différentes Pièces des petites Misères de la Guerre & des Exercices Militaires.
1796	6 Le Mausolée de l'Empereur Mathias , les Eventails , Paysages , &c.
1797	24 Les Gueux.
1798	18 Neuf Pièces du Combat de la Barrière , Exercices Militaires , &c.
1799	30 Pièces , les Balli , &c.
1800	11 Sujèts , les Bohémiens , les Pantalons , &c.
1801	18 Le Magnifique Carrousel fait à Florence , Boquet Excudit.
1802	26 Sujèts des Varie figure , & des Caprices.
1803	22 Le Livre de Paysages propre à la Noblesse, gr. d'après Callot.

Les Portraits , d'après Rigaud , Largillière , Toqué & autres.

1804	1 Le beau Portrait du Roi de Pologne , d'après Rigaud , gr. par Balechou , rare.
1805	1 La Reine de Pologne, d'après Silvestre , gr. par Daullé.
1806	1 Le Comte de Bruhl , idem , gr. par Balechou.

1807	1	Jean-Baptiste Massé , d'après Toqué , gr. par G. Wille.
1808	2	Le Marquis de Marigny, M. le Normand de Tounehem , d'après le même , gr. par Wille & Dupuis.
1809	2	Louis XV, le Maréchal de Saxe , d'après le Moine & Rigaud, gr. par Wille.
1810	1	Le Duc d'Harcourt , nommé Cadet la Perle, d'après Mignard , gravé par Masson.
1811	2	M. Brisacier, M. de Medavi , Arch. de Reims , gr. par Masson.
1812	2	Charles Patin , Antoine Turgot , idem.
1813	3	M. Cureau de la Chambre, Pierre Dupuis, Gui Patin , idem.

Portraits d'après Rigaud, gravés par
P. Drevet.

1814	1	Samuël Bernard , belle Epreuve.
1815	1	Louis XIV.
1816	1	Le Prince de Conti.
1817	1	Louis XV.
1818	1	Le même.
1819	1	Le Maréchal de Villars , belle Epreuve.
1820	1	Le Comte de Sintzendorf , très-rare.
1821	1	Le Cardinal Dubois.
1822	1	Le même.
1823	1	M. de Beauveau, Arch. de Narbonne.
1824	1	M. de Vintimille , Arch. de Paris.
1825	1	Nicolas Boileau Despreaux.
1826	2	Le Dauphin , Fils de Louis XIV. le Comte de Toulouse.
1827	2	Philippe V. Roi d'Espagne & un autre.

*Portraits gravés par Pierre Drevet,
d'après Largillière, Champagne,
Rigaud, &c.*

1828	2	Robert Cotte, le Préfident Lambert.
1829	3	M. Milon, Evêque de Valence, Antoine Arnauld, Jean Foreft, Peintre, d'après Rigaud, Champagne, Largillière.
1830	3	Le Marquis de Dangeau, Antoine Portail, Nicolas Couvay.
1831	3	M. Delamet, Gafton de Rohan, l'Abbé de Fourci.
1832	3	Baltafar Keller & 2 autres.
1833	3	Hyacinthe Rigaud, deux différents Portraits où il s'eft peint lui-même, &c.
1834	4	Différents Portraits en ovale.
1835	1	La Duchefle de Nemours, d'après Rigaud.
1836	2	M. & Mlle. Lambert, d'après Largillière.
1837	2	Mlle. Desjardins & un autre.
1838	3	Portraits de Femmes.

*Portraits gravés par G. Edelinck, Che-
reau, Vermeulen, Schmidt, Van
Schuppen, Simonneau, Poilly, Lar-
meffin & autres.*

1839	3	Antoine Arnauld, 2 Portraits de Boileau, gr. par G. Edelinck, Drevet & Chereau.
1840	1	Nathanaël Dilgerus, gr. par G. Edelinck, très-rare.
1841	2	Crifpin, Mezetin, gr. par G. Edelinck & Vermeulen.
1842	2	Charles d'Hozier, Frédéric Léonard, d'après Rigaud, gr. par G. Edelinck.

1843	2	Philippe de Champagne , Pierre de Montarsi , gr. par G. Edelinck.
1844	2	Hyacinthe Rigaud , M. Mouton, joueur de Luth , gr. par le même.
1845	2	L'Abbé de Lionne , Paul Bignon , idem.
1846	2	Mad. Desjardins , Jean-Baptiste Santeuil , idem.
1847	2	Louis XIV. Jules Hardouin Mansart, idem.
1848	4	Henri Goltzius , Perrault , la Quintinie , &c. idem.
1849	2	L'Evêque de Paderborn , Mr. Bertin, idem.
1850	4	Portraits en ovale , du même G. Edelinck.
1851	4	Idem.
1852	4	Idem.
1853	4	Idem.
1854	2	Différents Portraits historiés du Cardinal de Fleury , gr. par Thomassin & Aveline.
1855	5	Petits Portraits , Mr. Chauvelin , l'Abbé Bignon , Tavernier , &c.
1856	4	Idem , Mad. Favart , la Duchesse d'Orléans , Mad. Hélyot , &c.
1857	4	Idem , Charles Dufay , M. de Voltaire , La Fontaine , Rousseau.
1858	2	Le Maréchal de Villeroy , le Comte de Revel , gr. par G. Edelinck & Vermeulen.
1859	2	Le Duc de Berry , le Maréchal de Luxembourg , gr. par S. le Moine & Vermeulen.
1860	3	J. B. Lully , M. Magalotti , M. Meyercron , gr. par Roullet & Vermeulen.
1861	4	M. Boyer Daguilles , J. de Brunere , l'Electeur Palatin , &c. gr. par Vermeulen.
1862	3	Mr. Cotte , gr. par Drevet , & 2 autres.
1863	1	C. de St. Albin , Arch. de Cambray , d'après Rigaud, gr. par Schmidt.

1864 | 2 Pierre Mignard , le Comte d'Evreux , par
le même.
1865 | 2 M. de Caylus , Evêque d'Auxerre , M. de
Rohan , Arch. de Reims , gr. par Schmidt
& Petit.
1866 | 1 Jean-Baptiste Rousseau ; gr. par Daullé.
1867 | 2 Le Cardinal de Polignac , Eusebe Renau-
det , gr. par Chereau.
1868 | 2 Nicolas de Launoy , Conrand Detleu , par
le même.
1869 | 2 Charles Colbert , Evêque de Montpellier ;
J. Soanen , Evêque de Senez , gr. par
Chereau , &c.
1870 | 2 L'Electeur de Cologne , M. de la Broue ,
Evêque de Mirepoix , gr. par Audran &
Tournelle.
1871 | 2 M. Orry , Contrôleur des Finances , le Duc
d'Antin , gr. par Lepicié & Tardieu.
1872 | 3 Louis de Boulogne , Nicolas de Largillière ,
J. B. Silva , gr. par Lepicié , Chereau &
Schmidt.
1873 | 2 Hyacinthe Rigaud , Titon du Tilet , gr.
par Daullé & Petit.
1874 | 2 M. de Charmois , J. Van Schuppen , gr. par
Simonneau & Muller.
1875 | 2 M. Boucher , Antoine Coypel , gr. par S.
de Carmona & Massé.
1876 | 2 Louis XIV. le Duc de Malbourough , gr. par
Pitau & Gunst.
1877 | 2 Claude Gendron , l'Abbé Capperonier ,
gr. par Daullé & Lepicié.
1878 | 2 François Desportes , Antoine Watteau &
Tardieu , gr. par Joullain & Tardieu.
1879 | 3 Les 2 Princes Stuard , le Prince de Vaude-
mont , gr. par Larmessin.

P

1880	3	Nicolas Couſtou, M. Manſart, M. Dandrezel, gr. par Dupuis, Simonneau & Chereau.
1881	2	Le Dauphin, Jean-Baptiſte Rouſſeau, gr. par Thomaſſin & Schmidt.
1882	3	Jean Jouvenet, Antoine Coypel, A. de la Roque, gr. par Trouvain, Duchange & Lepicié.
1883	3	François Verdier, François de Troy, Carle Vanloo, gr. par Deſrochers, Poilly & Demarteau.
1884	3	Nicolas Vleughels, François Silveſtre, M. de Troy, gr. par Jeaurat, &c.
1885	1	Marie-Antoinette de Roſſet de Fleory, Vicomteſſe de Narbonne-Pellet, gravé par Daullé, très-rare.
1886	1	La Reine de France, d'après Nattier, gr. par Tardieu.
1887	2	Portraits de Femmes, d'après Greuze & Aved, gr. par Flipart & Balechou.
1888	2	Mlle. le Couvreur, Mad. du Freſne, gr. par Drevet & Lepicié.
1889	2	Portraits de Femmes, gr. par S. Vallée.
1890	2	Catherine Mignard, Mad. Rigaud, gr. par Daullé & Wille.
1891	2	Mlle. du Clos & un autre, gr. par Deſplaces & Doſſier.
1892	3	Mad. Peliſſier, Mad. d'Orléans, &c. gr. par Daullé, Horthemels & Surugue.
1893	4	Mlle. Silvia, Charlotte Deſmares, Louiſe d'Orléans, &c. gr. par Lepicié, Surugue, &c.
1894	4	Mlle. Vanloo, Mad. Monteſpan, &c. par différents Graveurs.

1895	2 Le Roi, la Reine, d'après Vanloo, gr. par Chereau & Petit.
1896	2 Le Roi, la Reine, idem, gravés par Larmeſſin.
1897	2 Le Duc de Geſvres, le Comte de Maurepas, idem, gr. par Petit.
1898	2 Les mêmes.
1899	2 Le Roi, la Reine de Pologne, idem, gr. par Larmeſſin.

Portraits de Nanteuil.

1900	3 Deux différents Portraits du Cardinal Mazarin, M Bouthillier.
1901	4 Louis XIV. M. de Bouillon, M. de Turenne, le Comte de Dunois.
1902	4 Mrs. de Charny, de Longueil, &c.
1903	4 Mrs. Seguier, le Tellier, Colbert, &c.
1904	4 Mrs. Mazarin, Perefixe, &c.
1905	4 Mrs. Scudery, le Vayer, Loret, l'Avocat d'Hollande.
1906	3 Grands Portraits, Mrs. Perefixe, l'Abbé Colbert, Turenne.
1907	5 Deux différents Portraits du Cardinal Mazarin, Mr. Servien, Evêque de Bayeux, & 2 Portraits, gr. par Mellan.

Portraits par différents Graveurs.

1908	1 Le Portraits de Juſtinien, gr. par Mellan, très-rare.
1909	4 Mrs. Le Tellier, Foucault, Seguier, le Prince de Galles, gr. par Van Schuppen.
1910	4 Mrs. Colbert, Chaſſé, Deſpont, de Monchy, par le même.

1911	5	Deux différents Portraits de Louis XIV. M. de Louvois, &c. idem.
1912	4	Louis XIII. M. Vitré & autres, gravés par Morin & Poilly.
1913	4	Le Cardinal de Fleury, M. Colbert, l'Electeur Palatin, M. Bouffelin, gr. par Audran, Chereau, Vermeulen & Doffier.
1914	4	Antoine Arnauld, le Père Peruffeau, le Père Defmaretz, l'Electeur de Cologne, gravés par Simonneau, Beauvarlet & Gunft.
1915	4	Mrs. Vitré, Blaffet, Delpech, Colbert, Evêque de Luçon, gr. par Morin, Petit, Pitau & l'Enfant.
1916	4	Mrs. de Thou, Prioli, le Père Touchet, St. Vincent de Paule, gr. par Morin, Pitau, Thomaffin.
1917	4	Mrs. de Voltaire, le Camus, Geoffroy, Lallemant, gr. par Tardieu, Chereau, Edelinck.
1918	4	Mrs. l'Abbé de St. Cyran, Loifel, Favier du Boulay, &c. gr. par Morin, Picart, Pitau, &c.
1919	4	Le Cardinal de Fleury, le Duc d'Albret, Mrs. Gaffot & Sutaine, gr. par Natalis, Daullé & Chereau.
1920	4	Grands Portraits.
1921	4	François I. Roi de France, Gerard Edelinck, Pierre Simon, &c. gr. par petit, Trouvain & Devaux.
1922	4	Differents Portraits.
1923	4	Idem.
1924	4	Idem.
1925	4	Idem.

Eſtampes de Sébaſtien Le Clerc.

1926 1 La Pierre du Louvre, rare.
1927 1 L'Arc de Triomphe de la Porte de Saint
         Antoine.
1928 5 Les quatre Conquêtes & la Réduction de
         Marſal.
1929 6 Les Batailles d'Aléxandre, d'après le Brun,
         en 6 Pièces, compris le titre, qui repréſente
         la Galerie des Gobelins.
1930 4 Quatre des Batailles ci-deſſus : nota, dans
         la Pièce de la Famille de Darius, l'épaule
         de ſa Femme n'eſt point ombrée.
1931 4 L'Hiſtoire de Pſyché.
1932 2 L'entrée d'Aléxandre dans Babylone, l'Aca-
         démie des Sciences.
1933 2 La même Académie, l'Apothéoſe d'Iſis.
1934 2 La Cérémonie pour le Serment, de M. de
         Dangeau, le Cabinet de Le Clerc.
1935 2 Le Catafalque du Chancelier Seguier, les
         Médailles que Mrs de l'Hôtel de Ville de
         Paris ont fait frapper en 1687.
1936 2 Le Catafalque du Roi de Suéde, une Al-
         légorie pour le Mariage du Duc de Bour-
         gogne, gr. par Simonneau.
1937 2 Les Plafonds du Comte de Teſſin.
1938 8 Les petites Conquêtes.
1939 3 La Fortereſſe de Montmelian, le Siége de
         Mons, le Sujèt de Tobie.
1940 3 Elie enlevé au Ciel, le Parvulus, une pe-
         tite Ste. Famille & des Anges.
1941 2 Le petit St. Pierre, rétabli par Cochin,
         un morceau d'Architeĉture.
1942 8 Différentes petites Vignettes.

1943	12 Vignettes & Lettres grifes, Titres, où fe trouvent les 4 Abbés.
1944	36 La Paffion de J. C. fans les bordures.
1945	36 Petits Payfages, dédiés à Mr. de Courtenvaux.
1946	20 Sujèts de l'Hiftoire de l'Etat de l'Empire Otthoman.
1947	57 Pièces du Livre de la petite Géométrie.
1948	44 Des Saints, vulgairement appellés les Saints de Gantrel.
1949	3 Sujèts différents.

Grandes Eftampes de Vander Meulen.

1950	1 Louis XIV. paffant fur le Pont-Neuf, en 3 feuilles, gr. par Huchtenburg.
1951	2 Vue de Salins, Vue de Dole.
1952	2 Prife de Cambrai, entrée du Roi à Dunkerque.
1953	2 Vue de Dinant, Vue de Leuve.
1954	2 Arrivée du Roi devant Maftricht, & une autre.
1955	2 Vue de Befançon, & une autre.
1956	2 Vue de Béthune, Vue de Gênes.
1957	2 Vue de Lille, Vue de Befançon.

Eftampes de Gillot.

1958	4 Les Paffions.
1959	4 La Naiffance, l'Education, le Mariage, les Obfeques.
1860	4 Fêtes, de Bacchus, de Diane, de Faune, & de Pan.
1961	6 Les 2 Sujèts de Sorcellerie & 4 Portières.
1962	4 Les Ages.

1963 | 48 Sujèts d'Habillements de Théatre.

Estampes de Bernard Picart.

1964 | 24 Sujèts choisis, tirés du Livre des Cérémonies Religieuses , concernant les Catholiques , les Protestants , Luthériens & Schismatiques.

1965 | 22 Idem , concernant les Juifs.

1966 | 28 Idem , concernant les Turcs & les Idolâtres.

1967 | 13 Les Epithalames : ce sont les morceaux les plus recherchés de ce Maître , belle Epreuve.

1968 | 1 La Pièce nommée la Minerve ; elle est avec les Vers françois : c'est la plus rare.

1969 | 1 Le Massacre des Innocents , belle Epreuve.

1970 | 1 Le Titre des Cérémonies Religieuses, avec l'Inscription en Hollandois ; c'est le rare.

1971 | 1 Le Titre des Métamorphoses d'Ovide , belle Epreuve.

1972 | 2 Titres de l'Histoire des Provinces-Unies , par Le Clerc , & celui des OEuvres de Boileau , in folio.

1973 | 2 Titre des Annales de la Monarchie Françoise , & celui de l'Histoire Métallique des Pays-Bas , par Van Loon.

1974 | 2 Titre du Palladio , & celui de l'Histoire d'Angleterre , par Larrey.

1975 | 2 Titres , celui du Livre de Re Rusticâ & celui des Césars de l'Empereur Julien , de l'Edition de Spanheim.

1976 | 4 Différents Titres.

1977 | 4 Titres , celui du petit Boileau , de l'Iliade, des Délices de la Suisse , &c.

1978	4 Titres, celui des Fables de la Fontaine, des Epigrammatistes François, d'Anacréon & celui de Térence.
1979	8 Titres, celui des OEuvres de St. Evremond, de la Pratique du Théatre, ceux du Livre de Florent le Comte, &c.
1980	5 Vignettes de l'Histoire d'Hollande.
1981	8 Vignettes & Lettres Grises, celui du Couronnement de Catherine de Russie, &c.
1982	2 Les petites Thèses de Descartes.
1983	2 Une des Thèses de Descartes, le Triomphe de la Peinture.
1984	2 Deux différents Mississipi.
1985	3 Le grand Sujèt de Renaud & Armide, un Concert dans un Jardin, &c.
1986	3 Le Plafond de la Chapelle de Seaux, & autre.
1987	2 Sujèts tirés des Métamorphoses, Enée portant son Père Anchise, le Sacrifice d'Iphigénie.
1988	3 Le Temps qui conduit les Ages, Adam & Eve, &c.
1989	5 Le Temps qui enlève la Vérité, Léda, Salmacis, &c.
1990	30 Les Modes Hollandoises & Françoises.

*Différents Sujèts gravés en petit, Titres
& Estampes de Livres, Vignettes
& autres.*

1991	12 Les Actions glorieuses de Charles V. Duc de Lorraine, gr. en 12 Pièces, compris le Titre, par Pacot.
1992	12 Les deux Livres des Evénements Militaires, inv. & gr. par Chedel.

1993	4 Les deux Titres des Fêtes pour le Mariage du Dauphin , un Sujèt fur la Réunion de la Lorraine à la France , &c.
1994	5 Les Ages de Louis XIV. la Lorraine réunie , le Titre du Livre d'Inigo Jones , &c.
1995	6 Titres des OEuvres de St. Athanafe , de St. Bernard , de St. Jean Chryfoftôme , &c.
1996	6 Les trois morceaux du Maufolée de M. de Boucherat , gr. par Mariette , &c.
1997	7 Titres de Livres & autres.
1998	6 Titres de Comédies & autres.
1999	6 Idem.
2000	26 Sujèts du prémier Volume des Contes de Bocace.
2001	12 Sujèts différents , tirés des Livres.
2002	12 Idem.
2003	12 Idem.
2004	12 Idem.
2005	12 Idem.
2006	10 Idem.
2007	8 Sujèts Galants.
2008	14 Vignettes , & autres.
2009	14 Idem.
2010	14 Idem.
2011	14 Idem.
2012	12 Sujèts différents.
2013	20 Idem.
2014	16 Idem.
2015	8 Sujèts en maniére noire , & autres.
2016	6 Idem.
2017	15 Sujèts d'Enfants , gr. par Ferdinand.
2018	10 Les Eléments , des Ornements Chinois.
2019	7 Les Deffeins du Carroffe du Duc d'Offone.
2020	13 Feuilles , répréfentant des Infectes, gr. par Hemerich.

Q

2021 18 Sujèts d'Oiseaux & d'Insectes, par différents Graveurs.
2022 36 Sujèts d'Habillements & Modes d'Allemagne.

*Estampes des Fêtes données à l'occasion
du Mariage du Dauphin , & autres
Réjouissances , grandes Architectures,
Plans de Villes & d'Eglise , &c.*

2023 2 Cérémonie du Mariage du Dauphin , la
Salle des Spectacles, gr. par Cochin.
2024 2 Le Bal paré , le Bal masqué , gr. par le
même.
2025 1 Feu d'Artifice , éxécuté à Rome pour la
Naissance du Dauphin , gr. par le même.
2026 1 Feu d'Artifice tiré à Versailles pour le Mariage de Dom Philippe , gr. par Cochin.
2027 2 La Décoration de la Cour , & le Feu d'Artifice éxécuté à Rome chez Mr. le Cardi-
nal Polignac , pour la Naissance du Dauphin , gr. par Piccini & Vasconi.
2028 1 Illumination & le Feu d'Artifice , fait pour
la Naissance du Duc de Bourgogne , gr.
par Ouvrier.
2029 2 Mausolée de Philippe V. Roi d'Espagne à
Notre-Dame , l'Autel de St. Nicolas du
Louvre , gr. par Cochin & Joullain.
2030 2 Deux différents Mausolées des Reines de
Sardaigne, à Notre-Dame, gr. par Cochin.
2031 2 Mausolée de la Dauphine , & celui de la
Reine de Pologne , à Notre-Dame , gr.
par Cochin & Ouvrier.
2032 4 Les Mausolées du Duc de Bourgogne, Dauphin de France , celui du Duc d'Orléans,

		de Mr. de Turenne , & celui de Mr. Gar- fon.
2033	2	Feu d'Artifice tiré à Rome , pour la Naif- fance du Dauphin , celui tiré à Meudon , en 1735 , gr. par Piccini & Cochin.
2034	2	Le Théatre du Collège de Rennes , la Salle du Bal de l'Hôtel de Ville de Paris , pour le Mariage de Dom Philippe.
2035	2	Perfpective de la Chapelle des Enfants trouvés , Projèt d'un Salon à St. Cloud , inventés par Coypel , gr. par Feffard & Surugue.
2036	2	Projèts d'un Obélifque , inventés par Le Befque , gr. par Cavillon.
2037	3	Théatre du Collège de Louis le Grand , Elévation d'une Entrée de Palais, un Arc de Triomphe, gr. par Poulleau, Tardieu , &c.
2038	8	Grandes compofitions d'Architecture , dé- diées au Roi de Sardaigne , inventées & gr. par A. de Pellery.
2039	1	Vue & Perfpective de la Ville de Marfeille , gr. en 5 grandes feuilles , par P. J. Duret.
2040	1	Le Siège d'Arras , deffiné par Beaulieu , gr. par Cochin en 15 feuilles : nota, il man- que deux feuilles.
2041	13	Les Plans , Coupes , Profils & Elévations de la Chapelle de Verfailles, gr. par P. Le Pautre.
2042	13	Les Plans & Elévations de Chambor , par Le Rouge.
2043	6	Plans du Temple de Jérufalem.
2044	13	Grandes Vues d'Italie , gr. par J. B. Fal- da , & autres.
2045	4	Vues de l'Eglife de St. Pierre de Rome , & de l'Eglife de St. Paul de Londres.

2046	7 Vues des Eglises de Rome.
2047	11 L'Eglise de Milan , la Sorbonne , St. Eustache , St. Sulpice , &c.
2048	4 Les différentes Vues de l'Eglise de Reims.
2049	7 Les différentes Elévations de la Maison Professe des Jésuites de Paris.
2050	1 Elévation du Dôme des Invalides , en trois feuilles.
2051	13 Plans & Elévations de l'Eglise du Val-de-Grace , & de l'Eglise des Religieuses de l'Assomption , gr. par Marot.
2052	16 Vues de différentes Eglises de Paris , gr. par Marot.
2053	6 Le Tombeau du Cardinal de Richelieu , gr. en six feuilles, par Simonneau & Picart.
2054	8 Les Plans & Elévations de la nouvelle Eglise de Ste. Géneviève.
2055	7 Plans & Elévations de l'Eglise de St. Sulpice.
2056	3 L'Eglise de St. Paul de Londres , le Pont de Westminster , grand Plan de l'ancienne Syracuse.
2057	6 L'Eglise de Strasbourg , Clocher de l'Eglise d'Anvers , & autres.
2058	12 Les Ruines d'Athènes , gr. en Angleterre.
2059	4 Les Ruines de Palmyre , idem.
2060	10 Vues de Ruines , gr. par Vivarés.
2061	7 Ruines de Rome , gr. par Muller.
2062	6 Ruines de l'ancienne Rome , & Rome dans sa Splendeur, gr. par Muller & Austin.
1063	9 Vues de Rome moderne , gr. par T. Bonles.
2064	8 Idem.
2065	2 Grandes Ruines , d'après Pannini , gr. par Vivarés.

2066	6 Ruines , d'après Pannini , & autres.
2067	8 Différentes Vues.
2068	5 Vues de Marseille , la Chapelle de Versailles , gr. par Rigaud , & autres.
2069	5 Vues de Malthe & autres.
2070	5 Morceaux d'Architecture.
2071	4 Idem.
2072	5 Idem.
2073	8 Sujèts des Réjouissances faites à Turin.
2074	12 Morceaux d'Architecture, inventés & gr. par Cuvillier.
2075	10 Cinq idem , & 5 autres.

*Vues enluminées pour l'Optique , gr. en
Angleterre & à Paris.*

2076	8 Vues de Palmyre & de Russie.
2077	8 Vues d'Angleterre.
2078	9 Vues de l'ancienne Rome , & Rome dans sa Splendeur , &c.
2079	8 Vues différentes.
2080	10 Vues de Londres.
2081	10 Vues d'Espagne.
2082	10 Vues de Paris & de Versailles.
2083	10 Vues de Vienne, & autres Villes d'Allemagne.
2084	10 Vues d'Hollande & autres.
2085	10 Vues de Vénise.
2086	10 Vues de Rome.
2087	10 Vues de Rome & autres.
2088	10 Vues différentes.
2089	10 Idem.
2090	6 Idem.

*Eſtampes de Rigaud , Perelle , Silveſtre
& autres.*

2091	8 Vues différentes , gr. par Rigaud.
2092	8 Vues de Chantilli , & autres du même.
2093	32 Vues de Perelle & autres.
2094	26 Petites Vues de Silveſtre.
2095	28 Idem.
2096	40 Vues de Silveſtre & autres.
2097	38 Idem.
2098	42 Vues de différents Maîtres.
2099	22 Vues & Payſages.

*Académies , Principes de Deſſeins , En-
fants par Mr. Boucher , Fleurs , Oi-
ſeaux , & autres Sujèts.*

2100	6 Feuilles de Principes de Deſſeins , d'après Carache , Coypel , gr. par Cochin.
2101	26 Les Expreſſions des Paſſions de l'Ame , d'après le Brun , gr. par Audran , ſix Académies , gr. par C. Vanloo.
2102	12 Recueil de Caractères de Têtes , d'après la Colonne Trajane, deſſinés par Boucher, gr. par Hutin , les ſix Académies de Vanloo.
2103	24 Les deux Livres d'Académies, gr. en partie par lesProfeſſeurs de l'Académie Royale.
2104	17 Statues antiques & autres.
2105	28 Statues idem , gr. par Deſplaces , &c.
2106	19 Statues du Jardin de Verſailles & autres.
2107	76 Recueil de Figures qui repréſentent les Vertus & les Vices , & un Recueil de

	Figures qui repréſentent les Dieux de la Mer, & des Fleuves & Fontaines, collées enſemble ſur les mêmes feuilles, gr. par Corneille & Philippe Gale.
2108	12 Les deux prémiers Livres de Grouppes d'Enfants, d'après Boucher , gr. par Aveline.
2109	12 Le troiſième & le quatrième Livres, idem.
2110	18 Divers Sujèts remarquables tirés de l'Hiſtoire grecque, inv. & gr. par Chauveau.
2111	9 L'entrée de Louis XIV. & de la Reine dans Paris , après leur Mariage, quatre Eſtampes concernant la Peinture, la Sculpture, la Gravure, par A. Boſſe.
2112	24 Recueil d'Oiſeaux les plus rares, tirés de la Ménagerie, gr. par Robert.
2113	15 Recueil de différentes eſpèces d'Oiſeaux de la Chine, tirés du Cabinet du Roi , gr. par Huquier.
2114	12 Recueil de Vaſes, de Fleurs de la Chine en ſix feuilles, gr. par Huquier, un Livre d'Animaux , Poilly Excudit.
2115	27 Un Livre de Fleurs , gr. à Rome en 15 feuilles , le Jardin des Sauterelles & Papillons en 8 feuilles & autres.

Portraits qui ſe vendent chez Odievre.

2116	25 Portraits de Peintres anciens.
2117	25 Mélanges , pluſieurs ſont gravés par Mellan.
2118	25 Mélanges.
2119	25 Idem.
2120	25 Idem.
2121	25 Idem.

2122 | 25 Idem.

Portraits gravés par Desrochers & Petit.

2123 | 50 Portraits de Papes, Cardinaux, Evêques.
2124 | 50 D'Evêques, Docteurs, Religieux, &c.
2125 | 50 Religieux, Philosophes, &c.
2126 | 50 Philosophes, Hommes de Lettres, &c.
2127 | 50 Hommes de Lettres, &c.
2128 | 50 Hommes de Lettres, Peintres, &c.
2129 | 50 Mélanges.
2130 | 50 Mêlanges.
2131 | 50 Rois, Princes, Hommes illustres, &c.
2132 | 42 Différents Portraits, environnés de Cartouches, &c.
2133 | 35 Plus petits, la plupart avec Ornements.

Plans & Cartes Géographiques.

2134 | 1 Plan de Paris & de ses Fauxbourgs, levé par M. Rousse, Ingénieur du Roi, gr. à Londres, par Benning.
2135 | 6 Plans de Strasbourg, de Metz, de Prague, &c.
2136 | 4 Plans & Vues de Rotterdam, de Berne & deux d'Amsterdam.
2137 | 4 Vues d'Anvers, de Bruxelles, Groeningue, le Pont de Prague.
2138 | 35 Grandes Vues des principales Villes de France.
2139 | 32 Grandes Vues des principales Villes de l'Europe.
2140 | 54 Plans de Villes de Flandre, d'Allemagne, d'Italie, & Plans de Batailles, pour la guerre de 1741, par Le Rouge.

2141 | 20 Cartes de la guerre d'Hongrie, Electorat de Saxe & autres lieux, gr. par M. Scutter.

Fleurs de la Chine & autres Sujèts colorés, imprimés sur du Papier de soie.

2142 | 4 Sujèts de Fleurs.
2143 | 4 Idem.
2144 | 3 Sujèts grotesques.
2145 | 6 Sujèts différents.
2146 | 3 Sujèts d'Architecture.

Estampes gravées en clair-obscur, & en bois.

2147 | 8 Différents Sujèts.
2148 | 5 Idem.
2149 | 4 Sujèts gr. en bois, Samson, une Nativité, St. Jérôme, St. George.

Desseins.

2150 | 204 Beaux Desseins faits à l'Encre de la Chine & à la Plume, d'après les Statues, Fontaines, Vases, &c. de Versailles & autres Lieux; on les croit de Simon Thomassin.

Desseins de François Boitard, faits à la Plume.

2151 | 3 Le Combat des Horaces & des Curiaces, Mutius Scevola, les Gaulois recevant la Rançon des Romains.
2152 | 2 Apollon & Daphné, Combat d'Hercules.

R

2153	2 Le Serpent d'Airain , Adoration du Veau d'Or.
2154	4 Grands Sujèts allégoriques & autres.
2155	4 Marsias écorché par Apollon, Andromède & autres.
2156	13 Petits Desseins de Sujèts Pieux.
2157	8 Sujèts Pieux & autres.
2158	9 Différents Sujèts.
2159	7 Idem.
2160	12 Idem.
2161	Un Paquet , idem.

Etudes , Académies de Mr. Arnould de Wué.

2162	12 Académies , au Crayon rouge.
2163	12 Idem.
2164	12 Idem.
2165	12 Idem.
2166	10 Au Crayon noir & autre.

Académie de M. Wampe.

2167	12 Académies , au Crayon noir.
2168	12 Idem.
2169	12 Idem.
2170	12 Idem.
2171	12 Idem.
2172	5 Idem.

Desseins de Différents Maîtres.

2173	17 Grandes Feuilles d'Architectures , Clochers , Maisons , Palais , Fontaines , &c.
2174	26 Grandes Feuilles d'Architecture Militaire & Navales , Machines de Guerre , Constructions de Galères , Vaisseaux , &c.

2175 | 3 Deſſeins de M. Arnould, & autres.
2176 | 1 Une grande Adoration des Mages, par Simon Vouet, en 3 feuilles.
2177 | 3 Deſſeins de differents Maîtres, Compoſitions Pieuſes & Prophanes.
2178 | 4 Idem.
2179 | 3 Idem.
2180 | 8 Idem.
2181 | 8 Idem.
2182 | 7 Idem.
2183 | 5 Idem.
2184 | 6 Idem.
2185 | 15 Payſages.
2186 | 7 Petits Sujèts.
2187 | 10 Etudes, & autres.
2188 | 12 Idem.
2189 | 16 Idem.

Supplément au Livre & Recueil d'Eſtampes.

2190 | Académie de l'Art de la Lutte, deſſinée par Romain de Hooge, en 73 Figures, quarto.
2191 | Recueil de Lions, deſſinés par differents Maîtres, gr. par Bernard Picart, Amſt. 1729.
2192 | Recueil de 27 Eſtampes de Vaiſſeaux, Armes, Colliers d'Ordres, Camps, Plans de Villes & autres Sujèts.
2193 | *Vita & Miracula S. Franciſci de Paula.* *Expexo de Buena Morte,* Madrid, 1670. Les Plans & Elévations du Château de Richelieu, gr. par Marot, en 14 pièces.
2194 | Recueil de Plans de Villes, & Batailles, en 114 feuilles.

Estampes montées en Cadres & Glaces,

& Desseins.

1 2 L'Age d'Or , d'après Bloemaert , le Bal Véni-
     tien , d'après Théodore Bernard , gr. par
     Théodore de Bry.

2 1 Un Christ avec les Larrons , d'après Rubens,
     gr. par Bolswert.

3 2 Le Portrait de Dufreny , & celui d'Aymon
     prémier , d'après Coypel , gr. par Joullain.

4 1 La petite Peste de Raphaël , gr. par Marc-
     Antoine

5 1 Le Jugement dernier , d'après Michel Ange,
     gr. par Wierix.

6 1 Le même Jugement plus petit, gr par Ascania
     Guido , en 1567.

7 1 Le Mont Athos , taillé sur la Figure d'un
     Géant , d'après P. de Cortonne , gravé par
     Spiere.

8 1 Sainte Marguerite , d'après le Carache , gr.
     par C. Bloemaert.

9 1 Le Portrait du Prince Edouard , gr. en ma-
     niére noire.

10 2 Deux petits Sujèts d'Architectures faits à la
     Plume , dans le goût de Callot.

11 1 Le Plan de Lille , fait à la Plume , par Gerard
     Nyst.

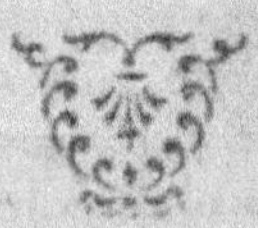

TABLEAUX.

1 Une Descente de Croix, d'après Daniel de
Volterre, par le Tintoret, sept pieds quatre
pouces de hauteur, sur cinq pieds de large,
sur toile.

2 Une Sainte Famille, d'après le beau Tableau
de Raphaël qui est à Versailles, avec le nom
du Titien, douze pouces & demi de haut,
sur huit pouces & demi de large, sur cuivre.

3 Un Satyre chez un Paysan, accompagné de
plusieurs figures, par J. Jordaens, deux
pieds de haut, sur dix-huit pouces de large,
sur bois.

4 Un Paysage avec des Animaux, & une Voiture
qui passe sur un Pont, par Van Bloom, vingt-
sept pouces de haut, sur trente-trois de large, sur toile.

5 Deux Paysages faisant pendant, de J. Voosten,
de treize pouces de haut, sur dix-sept pouces & demi de large, sur bois.

6 Noé après la sortie de l'Arche & sa Famille,
par le Bassan, trente-quatre pouces de haut,
sur quarante de large, sur toile.

7 Deux Pendants, une Bataille, & une marche
d'Armée, par Vandermeer, neuf pouces &
demi de haut, sur treize de large, sur toile.

8 Deux Pendants, une Tempête & une Marine,
par Vandercabel, dix-neuf pouces de haut,
sur vingt-deux pouces & demi de large,
sur toiles.

9 Un Sujet de Pastorale avec des Animaux, du

même, en ovale, vingt-deux pouces de haut,
sur vingt-sept de large, sur toile.

10 Sujet d'Animaux du même, douze pouces de
haut, sur dix-sept de large, sur toile.

11 Le Seigneur qui descend aux Limbes, par Breughel Denfer, neuf pouces & demi de haut,
sur douze pouces & demi de large, sur cuivre.

12 Joseph & la Femme de Putiphar, par Coypel,
seize pouces & demi de haut, sur vingt pouces & demi de large, sur toile.

13 Deux Sujets de Portraits de Femmes, avec des
Guirlandes de Fleurs, quatorze pouces de
haut, sur dix-huit de large, sur toile.

14 Une Cuisine représentant des Poissons & un
Chat, par Aléx. Adriaensens, de douze pouces de haut, sur dix-huit de large, sur bois.

15 Deux pendants, un Roi boit, un Homme qui
reçoit sa sentence de Mort, par Heemskerck,
seize pouces & demi de haut, sur vingt pouces & demi de large, sur toile.

16 Un Concert de Vanderlaene, dix-neuf pouces
de haut, sur vingt-quatre de large, sur bois.

17 Un Bal, par le même, dix-huit pouces de haut,
sur vingt-quatre de large, sur bois.

18 Une Danse de Village, dans le goût de Braur,
treize pouces de haut, sur dix-neuf pouces
de large, sur toile.

19 Un Jugement de Pâris, dans le goût Italien,
vingt-sept pouces de haut, sur trente-quatre
de large, sur toile.

20 Un Christ, de Van Ost, vingt-huit pouces de
haut, sur vingt pouces de large, sur toile.

21 La Continence de Scipion, par Arnould de
Wuez, vingt pouces & demi de haut, sur
vingt-six pouces & demi de large, sur toile.

22 | Un Christ avec la Magdeleine , du même , vingt-quatre pouces de haut , sur vingt pouces de large , sur toile.

23 | Une Vierge , du même , sept pouces de haut , sur cinq pouces de large , sur bois.

24 | Un Jeu de Boule , de Teniers , sept pouces & demi de haut , sur neuf pouces & demi de large , sur bois.

25 | Une Tabagie , d'après Teniers , par le Blan , quinze pouces & demi de haut , sur douze pouces & demi de large , sur bois.

26 | Une Cuisine avec des Ustensiles de Ménage & une Femme , d'après Teniers , par Vanhelmont , onze pouces de haut , sur dix-neuf pouces & demi de large , sur bois.

27 | Deux Pendants , Sujèts de Bacchanales , dans le goût Flamand , vingt-cinq pouces de haut , sur trente-un pouces de large , sur toile.

28 | Un Paysage avec une Sainte Famille , par Vanderburgh , de trois pieds neuf pouces de haut , sur cinq pieds trois pouces de large , sur toile.

29 | Un Paysage , avec Figures , par le même , de quatre pieds de haut , sur six pieds quatre pouces de large , sur toile.

30 | L'Annonce aux Bergers par un Ange , d'après le Bourdon , dix-huit pouces de haut , sur treize pouces & demi de large , sur toile.

31 | Deux Pendants , Moïse sauvé des Eaux , Moïse & les Filles de Jéthro , d'après Le Brun , onze pouces de haut , sur quatorze pouces & demi de large , sur bois.

32 | Un Paysage avec une Cascade , d'un bon Maître , douze pouces de haut , sur seize pouces de large , sur toille.

33 | Une Architecture Italienne , représentant un

Temple avec un Sujèt de la Fable, quatorze
pouces de haut, sur vingt-deux pouces & demi de large , sur toile.

34 Une Architecture Italienne , dix-neuf pouces
& demi de haut , sur vingt-cinq de large , sur
toile.

35 Un Massacre des Innocents , dans le goût du
Caravage, vingt pouces & demi de haut, sur
treize pouces & demi de large , sur toile.

36 Un Hiver, d'un bon Maître , douze pouces &
demi de haut, sur dix-neuf pouces de large ,
sur bois.

37 Une Adoration des Bergers, d'après Sébastien
Conca , vingt-sept pouces de haut , sur trente-trois de large , sur toile.

38 Deux Pendants , Sujèts d'Animaux , de Van
Blom , douze pouces de haut , sur quinze de
large , sur toile.

39 Un Paysage , dans le goût de Breughel , avec
des Enfants , dans la manière de Van Balen ,
quatorze pouces & demi de haut , sur vingt-
six pouces & demi de large , sur bois.

40 Une Tabagie , dans le goût de Van Helmont ,
vingt-deux pouces & demi de haut , sur dix-
huit pouces & demi de large , sur bois.

41 Une Tabagie , d'après Teniers , par Duriez ,
vingt pouces de haut , sur seize pouces &
demi de large , sur toile.

42 Un Silène ivre , soutenu par des Satyres , dans
le goût de Jordaens , de quatre pieds de haut,
sur six pieds & demi de large , sur toile.

43 Un Paysage avec des Paysannes qui passent
l'Eau , par Sibrechs , trois pieds de haut sur
quatre pieds de large , sur toile.

44 Deux petits Tableaux en Mignature , Sujèt de

la Fable , de fix pouces de haut , fur quatre
pouces & demi de large , fur velin.

45 Un Marché Romain , dans le goût de Van
Breda , cinq pieds de haut , fur fept pieds de
large , fur toile.

46 Le Malade auprès de la Pifcine , d'après Ref-
tout , par J. Daudenarde , trente - quatre
pouces de haut , fur quarante-un pouces de
large , fur toile.

47 Un Bain de Diane , dans le goût de Rottenha-
mer , quatorze pouces de haut , fur dix pouces de large , fur bois.

48 Latone & les Payfans de Lycie changés
en Grénouilles , d'après Carache , trente-
cinq pouces de haut , fur quatre pieds de
large , fur toile.

49 Un Sabat , dans le goût Flamand , douze pouces
de haut , fur feize pouces & demi de large ,
fur toile.

50 Un Roi boit , d'après Jordaens , feize pouces
& demi de haut , fur vingt-deux pouces de
large , fur toile.

51 Deux Pendants , la Rebecca , & le Jugement
de Salomon , d'après Antoine Coypel , quarante-cinq pouces de haut , fur trente-fept
pouces de large , fur toile.

52 Deux Pendants , un Sujèt allégorique fur le
Vieux & Nouveau Teftament , & la Pefte
chez les Philiftins , quarante-cinq pouces de
haut , fur trente-fept de large , fur toile.

53 Deux Pendants , Judith & Holopherne , d'après
Rubens , Saül confulte la Pythoniffe, d'après
Picart , quarante-cinq pouces de haut , fur
trente-fept de large , fur toile.

54 Les Mufes avec Minerve , dans le goût Fran-

çois, quinze pouces & demi de haut, sur onze pouces & demi de large , sur toile.

55 Une Femme qui peigne un Enfant , par Van Affen , sept pouces & demi de haut, sur dix pouces de large , sur bois.

56 Le Martyre de St. André , d'après le Guide, dix neuf pouces de haut , sur vingt - sept pouces de large , sur toile.

57 Huit Tableaux de Sujèts pieux , dans le goût de Van Eyek , de vingt pouces de haut , sur treize pouces de large , sur bois.

58 La Rencontre de Jacob & d'Esaü, d'après Rubens , de trois pieds sept pouces de haut , sur six pieds de large , sur toile.

59 Une grande Assemblée de Gens qui jouent aux Cartes, d'après Zondre, cinq pieds de haut, sur six pieds & demi de large , sur toile, sans cadre.

60 Hercule sur le Bûcher, d'après Le Guide , cinq pieds & demi de haut , sur quatre pieds de large , sur toile.

61 Deux Pendants, Conversation Flamande, douze pouces & demi de haut , sur neuf pouces de large , sur bois.

62 Une Mignature , représentant le Temps qui passe les Ages dans une Barque, treize pouces & demi de haut , sur dix pouces & dem de large , sur velin.

63 Un Tableau représentant des Infectes , par un Maître Italien , huit pouces & demi de haut , sur douze pouces & demi de large , sur bois.

64 Deux Paysages , de quatre pouces de haut , sur six pouces de large , sur bois.

65 Une Bataille, dans le goût Flamand , de trois

pieds & demi de haut , fur cinq pieds de large , fur toile.

66 | Une Vierge, Jefus, St. Jean, d'après Van Oft, de trente-deux pouces de haut, fur vingt-huit de large, fur toile.

67 | Un St. Michel , d'après Le Guide , de trente pouces de haut, fur vingt-quatre de large , fur toile.

68 | Le Martyre de St. Quirin , d'après Rubens, de quarante pouces de haut, fur vingt-neuf pouces de large, fur toile.

69 | Un Combat Naval , par Defprez, de trois pieds quatre pouces de haut , fur fept pieds de large , fur toile.

70 | Une Léda , dans le goût Italien , de quatorze pouces de haut , fur dix-neuf pouces de large , fur bois.

71 | Une Tempère , de fept pouces & demi de haut, fur dix pouces de large , fur bois.

72 | St François foutenu par des Anges, onze pouces de haut , fur huit pouces & demi de large , fur cuivre.

73 | Un Payfage Italien , de fept pouces de haut, fur huit pouces & demi de large , fur bois.

74 | St Ignace, de fix pouces de haut , fur quatre pouces de large , fur cuivre.

75 | Deux Sujèts de Converfation , dans le goût Flamand.

76 | Deux Têtes, Tableaux en rond , de Van Affen, & un petit Tableau d'Infeffes.

77 | Le Martyre de Sainte Catherine, d'après Rubens , un petit Tableau du Vieux Caflieel.

78 | Deux Bouquets de Fleurs, peints en Mignature.

ADDITION
AUX TABLEAUX.

79 Un Tableau repréſentant une Flagellation, dans
le goût du Caravage, de trente-neuf pouces
de hauteur, ſur trente-trois de largeur, ſur
toile.

80 Un Payſage avec un Chariot qui paſſe l'eau,
par Sibrechs, trente-neuf pouces de haut,
ſur cinquante pouces de large, ſur toile.

81 Deux Tableaux repréſentant des Déeſſes, dix-
huit pouces de haut, ſur quinze pouces de
large, ſur bois.

82 Deux Tabagies, dans le goût de Heemskerk,
dix-huit pouces de haut, ſur vingt-ſept de
large, ſur toile.

83 Un Homme qui regarde au travers d'une Vi-
tre, dans le goût de Rimbrant, vingt pouces de haut, ſur quinze de large, ſur toile.

84 Deux Tableaux repréſentant des Fruits & des
Poiſſons, dans le goût de Deheem, vingt
pouces de haut, ſur vingt-ſept de large, ſur
toile.

85 Une Cuiſine, avec des Uſtenſiles de Ménage
& une Femme, dans le goût de Teniers,
treize pouces de haut, ſur vingt trois de large, ſur bois.

86 Une Collation, par Vander Laene, dix-ſept
pouces de haut, ſur vingt-neuf de large, ſur
toile.

87 Un Tableau repréſentant une Ville en ſeu, avec

plusieurs Figures , quinze pouces de haut ,
sur vingt pouces de large, sur bois.

88 Deux beaux Paysages de Vander-burg, vingt-
deux pouces de haut, sur vingt-six de large,
sur toile.

89 Un Tableau représentant des Fleurs & des
Fruits, vingt-six pouces de haut, sur qua-
rante-quatre pouces de large, sur toile.

90 Deux Tableaux, l'un représente une Femme
& deux jeunes Enfants, l'autre deux jeunes
Hommes qui font des Bouteilles de Savon,
d'un bon Maître Flamand, douze pouces
& demi de haut, sur neuf pouces & demi de
large, sur toile.

91 Une Marine, quatorze pouces & demi de haut,
sur dix-neuf de large, sur bois.

92 Un Tableau représentant Saint Jean Baptiste,
vingt-deux pouces de haut, sur dix-neuf de
large, sur toile.

93 Un Tableau représentant des Fruits & des
Fleurs, vingt pouces de haut, sur seize de
large, sur bois.

94 Une Magdeleine dans un Paysage, huit pouces
& demi de haut, sur onze pouces & demi
de large, sur cuivre.

95 Deux Tableaux représentant des Chiens &
autres Animaux, par Griffe, quinze pouces
& demi de haut, sur sept pouces & demi
de large, sur bois.

96 Deux Paysages en rond, avec Saint Pierre &
Sainte Géneviève, de cinq pouces, sur bois.

97 Deux Grotesques, dans le goût de Teniers,
six pouces de haut, sur quatre pouces &
demi de large, sur bois.

98 Le Portrait de Nostradamus, huit pouces de

haut, sur six pouces & demi de large, sur bois.

99 | Une Tabagie dans le goût de Teniers, sept pouces de haut, sur neuf de large, sur bois.

100 | Le Triomphe de Bacchus, six pouces & demi de haut, sur huit pouces & demi de large, sur bois.

101 | Un Grotesque, dans le goût de Teniers, en rond, de cinq pouces & demi, sur bois.

102 | Deux Chasses, dans le goût de Braydel, six pouces de haut, sur huit de large.

103 | Trois petits Paysages.

104 | Quatre petits Tableaux, dont deux Paysages & des Portraits de Femmes.

Nota : *Le plus grand nombre de Tableaux ci-dessus, est en Cadres dorés.*

On vendra de plus, plusieurs Globes & Sphères, de différentes grandeurs, plusieurs Figures en Terre cuite, de bons Maîtres, & autres choses curieuses.

AVIS AUX AMATEURS.

Annonce d'une Partie de Tableaux, reposant chez LE CLERCQ, Peintre, Rue de la Magdeleine, à Lille, mesurée au pied de France : lesdits Tableaux font à vendre.

1 | La Bataille de Valachie, peint par Pierre Snaeyers, en 1621, haut de cinq pieds, sur sept pieds de large.

2 | La Chûte des Réprouvés, peint par Rubens, haut de cinq pieds six pouces, sur trois pieds six pouces de large.

3 Une Assemblée de Gens qui jouent aux Cartes, peint par Zondre, Peintre Hollandois, haut de cinq pieds, sur six pieds six pouces de large.

4 Le Roi Créfus fur le Bûcher, peint par un bon Maître Italien, haut d'un pied six pouces, fur deux pieds six pouces de large.

5 Un Roi boit, peint par Jacques Jordaens, haut d'un pied quatre pouces, fur un pied dix pouces de large.

6 Un Grotefque, compofé de deux Figures à demi-Corps, peint par Quintin Meflis, haut d'un pied quatre pouces, fur un pied onze pouces de large.

7 Vénus & Adonis dans un Payfage, peint par Breughel, haut d'un pied neuf pouces, fur deux pieds neuf pouces de large.

8 Des Fruits & des Poiffons, peint par le Vieux De Heem, haut de deux pieds, fur trois pieds de large.

9 Le Portrait d'un Vénitien, peint par le Titien, haut de trois pieds, fur deux pieds trois pouces de large.

10 Le Portrait de Charles I. Roi d'Angleterre, peint par Vandick, haut de trois pieds six pouces, fur deux pieds neuf pouces de large.

11 Le Portrait de Charles-Quint dans fon Enfance, peint par le Titien, haut de trois pieds, fur deux pieds trois pouces de large.

12 Le Portrait d'un Gentilhomme Efpagnol, peint par Vandick, haut de deux pieds hui pouces, fur deux pieds un pouce de large.

ERRATA.

Pages.	Nº.	Fautes.	Lisez.
4	30	Mellau,	Mellan.
4	34	*Burettino,*	*Berettino.*
7	75	*Constituendos,*	*Constituendam.*
8	75	*expressæi,*	*expressi.*
8	88	Ciugny,	Clagny.
10	100	Modaigloni,	Medaigloni.
12	130	Foriivetanus,	Forlivetanus.
19	267	Bersabée,	Bethsabée.
43	730	ômis.	
53	898	Wisscher,	Visscher.
64	1096	Wisscher,	Visscher.
65	1109	Contaretus,	Contarenus.
65	1111	Episcopus,	Episcopius.
66	1126	Sudeler,	Sadeler.
71	1214	d'Eole,	d'Ecole.
77	1335	Sadi,	Ladi.
98	1637	Theresias,	Thiresias.
113	1868	Renaudet,	Renaudot.

[Bibliothèque library stamp]

www.ingramcontent.com/pod-product-compliance
Lightning Source LLC
LaVergne TN
LVHW052027060726

842528LV00002B/653